新时代职业教育融合精品教材
互联网+新形态教材
立体化技能学习

U0719663

大学生职业生涯规划

主编 刘广耀 姜 峤 李柳健

西安交通大学出版社
XI'AN JIAOTONG UNIVERSITY PRESS

图书在版编目(CIP)数据

大学生职业生涯规划 / 刘广耀, 姜峤, 李柳健主编.
西安 : 西安交通大学出版社, 2025.8. -- ISBN 978 - 7
- 5693 - 4165 - 2

Ⅰ. G717.38

中国国家版本馆 CIP 数据核字第 2025J0S516 号

大学生职业生涯规划
DAXUESHENG ZHIYE SHENGYA GUIHUA

主　　编	刘广耀　姜　峤　李柳健
责任编辑	张　娟
责任校对	李嫣彧
封面设计	任加盟

出版发行	西安交通大学出版社
	（西安市兴庆南路 1 号　邮政编码 710048）
网　　址	http://www.xjtupress.com
电　　话	(029)82668357　82667874(市场营销中心)
	(029)82668315(总编办)
传　　真	(029)82668280
印　　刷	西安五星印刷有限公司

开　　本	787mm×1092mm　1/16　印张　13.25　字数　190 千字
版次印次	2025 年 8 月第 1 版　2025 年 8 月第 1 次印刷
书　　号	ISBN 978 - 7 - 5693 - 4165 - 2
定　　价	58.80 元

如发现印装质量问题，请与本社市场营销中心联系。
订购热线:(029)82665248　(029)82667874
投稿热线:(029)82668525

《大学生职业生涯规划》编委会

党的二十大报告明确指出："健全终身职业技能培训制度,推动解决结构性就业矛盾。完善促进创业带动就业的保障制度,支持和规范发展新就业形态。"这一系列重要举措,不仅关乎国家经济社会的持续发展,也与每一位大学生的职业发展息息相关。在当今时代,随着我国经济社会的发展、科技的日新月异以及经济体制改革的持续深化,社会对人才的渴望愈发强烈,对从业人员的要求也越来越高。大学生是改革创新的生力军,其职业生涯规划的重要性不言而喻。

对于刚刚踏入大学校园的新生而言,大学生活是一段充满无限可能与挑战的旅程。如何在这宝贵的时光里,明确自己的职业方向,提升职业发展能力,为未来的职业生涯奠定坚实基础,是每一位新生都必须认真思考的问题。基于此,我们精心编写了这本教材,旨在为学生提供系统、全面且实用的职业生涯规划指导,助力学生正确认识自我、精准洞察职业环境,进而合理确定职业生涯目标,有条不紊地开展职业学习,最终成长为中国特色社会主义事业的合格建设者和可靠接班人。

在编写过程中,我们深入钻研教育学、管理学、职业规划与职业发展等相关经典理论,结合在校大学生职业生涯规划教育的实际现状,并广泛参考国内外前沿资料，力求做到理论与实践紧密结合，使教材内容能切实满足学生的实际需求。

本书分别从初识大学与职业生涯规划、自我认知和探索、探索职业世界、提升个人的职业能力、创新思维与职业生涯发展、职业决策与生涯规划和管理职业生涯规划等维度，全方位、深层次地解读大学生职业生涯规划，并设置了"案例导入""案例思考""拓展阅读""思考与练习"等板块。书中所举案例大多数源自真实的校园生活，学生在阅读和思考的过程中，能够深切感受到职业探索中的困惑与思索，极易引发共鸣，激发浓厚的学习兴趣。同时，本书始终以立德树人为根本任务，引导学生树立正确的世界观、人生观、价值观。此外，学生扫描书中的二维码即可观看讲解视频，更直观地学习实用技能。

在此，我们要衷心感谢在本书编写过程中，为我们提供研究成果和资料的同行们。正是由于他们的智慧贡献，才使本书得以更加完善。由于编者水平有限，书中难免存在不足之处。我们真诚地欢迎广大读者提出宝贵意见，您的每一条建议都将成为我们修订与完善教材的重要依据。让我们携手共进，为大学生的职业生涯规划教育贡献更多智慧与力量，助力学生在未来的职业道路上绽放光彩，书写属于自己的辉煌篇章！

编　者

2025 年 6 月

目录

CONTENTS

初识大学与职业生涯规划

📖 知识目标

1.了解大学的功能、大学学习的特点和不同阶段。

2.认识职业生涯与职业生涯规划。

3.认识大学生职业意识与职业理想。

📖 能力目标

1.学生能够完成从高中到大学心理和角色的转换。

2.学生能够对就读大学所具有的特点和个人所处的阶段进行梳理。

📖 素质目标

1.认识到职业生涯与职业生涯规划的重要性。

2.结合形势发展要求和自身特点,树立科学、正确的职业观和职业理想,规划好自己的职业生涯。

🎓 学习重点

1.职业生涯与职业生涯规划的内涵。

2. 树立科学、正确的人生观与职业观，把个人职业理想的实现与国家和社会的发展进步相结合。

案例导入

　　山东某高职院校音乐表演专业毕业生小王，大一的时候与很多同学一样对未来很憧憬却又感到很迷茫。她制订了许多计划，其中一个计划是学习一门外语。实施这个外语学习计划时她每天坚持早起，泡在图书馆学习，然而到最后没有取得理想的成绩。这样的结果让她深受打击。她开始灰心丧气，觉得对许多事情都失去兴趣，不愿意再付出努力。另外，在大学期间，她没有专注地去练琴、学习乐理知识，努力提升自己的专业能力，而是经常占用上课时间去兼职，导致自己11门功课考试挂科。在毕业之际，她才意识到，如果再不抓紧最后的机会补考及格，可能都无法毕业。

　　在毕业之际，她用自己的亲身经历寄语学弟学妹：

　　刚进入大学时，大学生很容易迷失方向，请珍惜大学生活的每一天。每天躺在宿舍里，刷手机，吃两顿外卖，转眼一天就过去了。但如果每天背几个单词，做半小时运动，日积月累会收获良多。刚踏入大学生活的学弟学妹们，希望你们认真思考自己未来的方向，然后不断朝着这个方向努力。努力的过程会很累，甚至想放弃，但只要你能坚持下来，就必定会有收获。还有一点，要摆正心态。失败了也要振作起来，及时调整方向和计划，跌倒了再爬起来，为自己的选择负责并奋斗。

案例思考

1. 案例中的小王为什么临近毕业多门课程考试不及格？
2. 你打算如何度过大学时光？

第一节　认识大学和走进大学

一、认识大学

有人把大学比喻为一座金矿，更有人说大学是"世外桃源"。当昔日梦想变成今天的现实，当步入向往已久的大学殿堂，你是否想过如何充分利用这座金矿中的资源，在这片美好的"世外桃源"中为自己未来的发展和美好的生活打牢基础？

蔡元培先生说过："大学者，'囊括大典、网罗众家'之学府也。"柏林洪堡大学的创始人洪堡指出，大学兼有双重任务，一是对科学的探求，二是培养个性与提高道德修养。大学阶段不只是探求更深层次的知识、提高科学文化水平和专业能力的时期，更是人生发展的重要时期，又是世界观、人生观、价值观形成的关键时期。当代大学生要在大学这个崭新的舞台上，尽情地追逐自己的兴趣与理想，学会独立思考问题，将所学理论付诸实践，适应瞬息万变的未来世界，肩负起新的历史使命，成为中国特色社会主义事业的合格建设者和可靠接班人。

大学生活与中学生活有着显著的不同。比如说老师讲课节奏快，信息量大，下课即走；远离父母，自主支配生活费用；集体住宿，个人私密空间小；课余时间多，老师不再强迫学习；学生社团多，活动丰富多彩；学生干部职位多，个人能够得到很多锻炼机会等。那么，大学究竟能给我们带来什么？

（一）大学是人生的重要阶段

进入了大学的门槛，就意味着过去已经成为历史，人生将会展开一幅新的画卷。大学是人生最美好也是最重要的阶段，在这里，最重要的就是调整自己，以适应大学生活。在大学里，大学生会经历很多第一次，第一次面对如此丰富多彩的课余生活，第一次独立思考人生的方向，第一次尝试自由选择自己想要的生活，等等。面对崭新的生活环境，大学生既会充满好奇和兴奋，也会遇到困难和挫折，所以大学生要尽快适应大学生活，找到属于自己的适应之法，为以后的大学生活打下良好基础。

（二）大学能够助力我们实现人生梦想

大学为我们追求人生梦想搭建了一个大平台。大学是不同学科的聚集地，通过授课、讲座和实训活动等多种方式给予我们不同风格、不同视角的人格感染和知识实践体验。大学还汇聚了富有激情、敢于挑战、思想活跃的同学，每个同学的价值观念、兴趣爱好等都不尽相同，都可以成为我们学习的对象。在大学期间所建立的良好师生关系和同学关系，从良师益友处收获的成长能量，成为今后我们职业发展和实现人生梦想的重要基础。

总之，大学是人生的重要阶段，为我们实现人生梦想提供助力和机遇。在大学里我们不仅能收获丰富的知识，更会在经历锻炼后积累丰富的经验，以及志同道合的朋友。我们一定要珍惜大学时光，让生命之花在大学校园里尽情绽放,让青春之火在大学校园里热情燃烧。

二、大学的功能

大学主要有人才培养、科学研究、文化传承创新、服务社会、国际交流合作五大功能。人才培养是大学的核心功能;科学研究和文化传承创新是大学的重要功能,也是培养人才的重要途径;服务社会和国际交流合作是人才培养和科学研究功能的延伸。大学的这五大功能相互联系、不可分割。

(一)人才培养

任何时代的劳动者都离不开知识和技术的武装,未经过系统的专业技能训练的人,很难参与经济、社会和政治活动。大学在构建终身教育体系,开展继续教育,营造学习型社会、学习型区域、学习型城市等方面起着重要的推动作用,为社会发展培养大量高素质劳动者。

长期以来,我国高等教育遵循马克思主义关于人的全面发展的理论,确立了高等教育工作的核心是通过教育促进学生全面发展。近年来,我国高等教育在如何培养人才上进行了不懈的探索,逐渐摆脱了传统、单一的精英教育模式,实现了精英教育和大众教育并重,人才培养的内涵更加丰富,培养了一代又一代拥护中国共产党领导和我国社会主义制度、德智体美劳全面发展、立志为中国特色社会主义奋斗终身的有用人才。

(二)科学研究

我国始终坚持把创新放在社会主义现代化建设全局的核心地位,把科技自立自强作为国家发展的战略支撑,从"四个面向"(面向世界科技前沿、面向经济主战场、面向国家重大需求、面向人民生命健康）实施"三大战略"（科教兴国战略、人才强国战略、创新驱动发展战略），完善国家创新体系，加快科技强国建设。而大学是科技强国建设的主力军，事关社会主义现代化建设全局，关系到其实现进程。在这一背景下，许多大学树立了人才培养必须以高水平科学研究为支撑的观念，鼓励教师重点开展有利于人才培养、服务社会发展的科学研究，并将研究成果及时转化为教学内容，进一步提高人才培养工作的质量。

（三）文化传承创新

作为保存、研究、传播知识和文化的基地，传承优秀文化、创新思想文化、推动文化传播交流，既是时代进步和社会发展对大学职责的新要求，又是对大学功能认识的拓展。大学以其深厚的文化底蕴、学习氛围、价值取向等对社会产生强大辐射作用，它所传承的文明是一种深层次的精神文明和物质文明，是一种理念、观念等核心层面的文明，因而对社会的影响深刻而久远。大学的文明传承不同于偶然的、个别的文明传承。大学是将前人总结和积淀的物质文明、精神文明、政治文明系统地传承给受教育者的地方。传承者与被传承者之间保持着频繁的交流、稳定而长期的接触，因而大学教育对社会文明产生了深刻、全面、持久的影响。

（四）服务社会

大学的社会服务职能是社会政治、经济、文化等发展到一定阶段的产物，其具体内涵和要求也必然随着社会的变迁而发展变化。自20世纪末以来，我国高等教育经历了跨越式发展，角色定位也从传统的支持服务开始转向服务与引领同步。新时代高等教育的这种服务与引领具有鲜明特色，和我国发展的现实目标和未来方向紧密联系。其集中体现为习近平总书记在全国高校思想政治工作会议上所强调的"四个服务":"为人民服务,为中国共产党治国理政服务,为巩固和发展中国特色社会主义制度服务,为改革开放和社会主义现代化建设服务。"①这是新时代中国特色社会主义高等教育的初心使命,也是我国高校积极发挥社会服务职能的责任担当。

在百年未有之大变局背景下,我国把发展经济的着力点放在实体经济上,坚定不移地建设制造强国、质量强国、网络强国、数字中国,推进产业基础高级化、产业链现代化,提高经济质量效益和核心竞争力。但大学不同于企业,它服务社会的方式是间接的而不是直接的,服务社会的功能主要通过人才培养和科学研究来实现。同时还要看到,服务社会不等于一味地满足社会需求,大学还具有社会批评的功能。对于大学而言,社会服务和社会批评是同一功能的不同维度。在实践中,要把二者结合起来,更好地发挥大学服务社会和引领社会的功能。

(五)国际交流合作

2017 年 2 月,中共中央、国务院《关于加强和改进新形势下高校思想政治工作的意见》中,将"国际交流合作"与"人才培养、科学研究、社会服务、文化传承创新"并列为大学的重要使命,即大学的第五项职能。

国际交流合作是大学发展到一定阶段必然产生的内在需求。在世界高等教育发展历程中,大学始终在吸收社会发展精华,始终在践行去伪存真、见贤思齐的教育理念。回顾我国高等教育的发展历程,高等院校主动科学汲取他国高等教育发展经验的实践从未停止,将治学理念、课程改革、校园国际化环境营造、人才国际视野拓展等作为基本目标来设定,在促进国际化流动与国际化适应方面有了实实在在的推动作用,大学的教育质

---

① 习近平. 把思想政治工作贯穿教育教学全过程　开创我国高等教育事业发展新局面[N]. 人民日报,2016 – 12 – 09(01).

量、研究层次、服务水平也在开放合作中获得快速提升。

三、大学学习的特点

大学学习相较于中学或其他阶段的学习,具有其突出的特点。大学学习更加注重自主性、专业性、实践性、创新性和开放性。大学学习主要依靠学生的自主学习和独立研究,同时大学课程内容丰富,学习方式多样,这就需要大学生具备更高的自学能力和时间管理能力。

(一)自主性

大学学习强调学生的自主学习。学生需要自行规划学习时间、选择学习内容,并管理自己的学习进度。这种自主性要求学生具备较高的自我管理能力,以便有效地利用时间和资源。一方面,大学生有更多自由支配的时间。另一方面,大学生学习的内容有较大的选择性。除了公共必修课和基础课,大学生还可以根据自己的兴趣、需要和特长选择学校开设的选修课,这给了学生很大的自主选择的空间,有利于学生个性化发展。

(二)专业性

大学教育更加注重专业知识的传授和专业技能的培养。大学生的学习活动在学习的目的、性质、途径、内容和方法上都是围绕专业学习展开的,都是为未来的职业作准备的。这种专业性使得大学学习更加具有针对性和实用性。学生可以根据自己的兴趣和职业规划选择专业,深入学习该领域的理论知识和实践技能。

(三)实践性

大学教育不仅注重理论知识的学习,还强调实践能力的培养。实践性教学环节在大学学习中占有十分重要的地位,在总学时中所占的比例较大,一般超过20%。高职院校的实践性教学环节所占的比例可高达30%。大学中的实践性教学环节主要有实验课、课程设计、教学实习、生产实习、毕业设计等。实践性教学环节对于培养大学生的实验和工艺操作技能等实践能力是必不可少的。大学生在实践性教学环节中,通过观察和直接参与实践活动,获得本专业领域的操作技能,并培养自己的理论运用能力。

(四)创新性

大学教育鼓励学生不拘泥于书本、不迷信权威、不墨守成规,以已有的知识为基础,结合学习实践和对未来的设想,独立思考,大胆探索,进行创新思考和实践。通过参与科研项目、学术竞赛等活动,勇于开拓,不断激发创新意识,突破陈旧的思维定式,锻炼创新思维和解决问题的能力,为未来的职业发展打下坚实的基础。

(五)开放性

大学学习的开放性是一个多维度、多层次的概念,它体现在学习资源的获取、学习方式的多元性、学术交流的开放性,以及学习环境的包容性等多个方面。

大学图书馆通常拥有丰富的图书、期刊和电子资源,这些资源对全体学生开放,为他们提供了丰富的学习材料和研究依据。此外,随着互联网的普及,大学也鼓励学生利用在线数据库、电子图书、学术论坛等资源,这些资源同样具有高度的开放性。大学实验室和实践基地是学生学习和实践的重要场所。这些场所不仅向本专业学生开放,有时也向其他专业学生或外部人员开放,以促进跨学科的学习和实践。

大学鼓励学生自主学习,根据自己的兴趣和目标制订学习计划。同时,大学也提倡合作学习,通过小组讨论、项目合作等方式,让学生在交流中互相学习、共同进步。随着教育技术的发展,大学学习不再局限于传统的线下课堂。线上课程、远程教育等新型学习方式为学生提供了更多的选择,使他们能够根据自己的时间安排和兴趣偏好进行学习。

大学经常举办各种学术讲座和研讨会,邀请校内外专家、学者进行学术分享和交流。这些活动不仅拓宽了学生的学术视野,也促进了学术思想的碰撞和融合。大学鼓励学生参与各种学术竞赛和项目合作,这些活动不仅锻炼了学生的学术能力和团队协作能力,也为他们提供了展示自己才华的平台。

大学通常具有包容和多元的文化氛围,尊重不同背景、不同观点的学生。这种氛围鼓励学生勇于表达自己的观点,积极参与学术讨论和社会实践。随着全球化的加速发展,大学越来越注重培养拓宽学生的国际化视野。通过国际交流项目、留学生交换等方式,学生有机会接触不同国家的文化、教育理念和学术前沿动态。

四、大学生的发展阶段

进入大学后,许多学子松了一口气,认为在大学期间不再需要面对千军万马过独木桥考大学的那种激烈竞争。那么,大学生应该如何规划自己的大学生涯呢?

(一)磨合期

经历了高考的洗礼,初进大学校门的大学生虽然已开始大一的学习生活,但在心理上许多同学尚不习惯大学的"放养"管理,对于自己的专业有待了解,对于以后的职业规划茫然没有头绪,这个阶段通常被称为"磨合期"。在这个时期,大学生要尽快适应节奏不一样的大学生活,了解自己的专业以及以后可能的就业范围,提高自己的交际能力,逐渐适应独立生活;同时,要认真学习本专业的知识,有意识地提高自己的专业水平,培养自己的职业素养。

(二)定向期

经过一个学期的学习生活,绝大多数大学生都能适应崭新的大学生活,并开始规划属于自己的大学生活,确定自己未来的发展方向,朝着适合自己的方向去努力。在这个阶段,大学生可通过参加校内各种社团活动来提高自己的各种能力,并且通过参与一些与本专业相关的工作,提高自己的专业能力和对社会的认识,检验自己对所学专业知识技能的掌握情况,增强自己的责任感。这样,对于以后的求职与就业,将会很有益处。

许多人说大学期间没有做过兼职,就不是完整的大学生活。做什么样的兼职,做兼职抱有什么样的目的,对于每个人来说可能不太一样。但是,毋庸置疑,与专业有关的兼职历练,可以令大学生受益匪浅,所以尽量不要错过这样的机会。

(三)冲刺期

毕业前的一年,是大学阶段的冲刺期。这一时期,大学生已经明确了自己的求职意向,在撰写毕业论文以及进行职业规划时,应该多考虑提高自己的求职技能,通过互联网了解并收集自己有意向的求职公司的相关信息,并且付诸行动进行求职准备,学习写简历和求职信,不打无准备之仗。与此同时,加强专业知识的学习尤为重要,特别是不要局限于书本上的知识,要了解本专业最新的科研动向,争取站在专业知识的前沿,做好最后的冲刺。

有的在校大学生认为简历没有什么可写的,殊不知简历是招聘单位了解应聘者的第一渠道,假如个人的简历过于简单,就会影响招聘单位对应聘者的第一印象。从心理学上讲,第一印象的好坏往往是决定成功与否的关键所在。

有的大学生会在自己的简历里罗列一大堆荣誉,其实,罗列荣誉不能贪多,要写含金量高的荣誉,与应聘相关的荣誉,切不可"眉毛胡子一把抓"。同时,个人简历可以丰富,但不能夸大事实。简历中应多介绍一下自己有哪些实际工作经验,切忌说一大堆空话、套话。

(四)分化期

大学阶段的最后一年,既是冲刺期,也是分化期。这一时期,大学生有的找工作,有的准备升学,有的选择出国继续深造。此时,每个大学生都应该明确自己所要选择的职业道路。大学生只有明确自己的求职目标,才会越来越接近自己的求职理想。有位面试官说过:"现在有的大学生,一应聘就说干什么都行,这样的大学生,其实是干什么都不行,因为不知道自己哪一样是最优秀的。"尺有所短,寸有所长,只有明确自己的特长与兴趣,在充分做好自我分析和环境分析的基础上,才能正确选择自己所要走的路。那么,我们就要学习如何进行职业生涯规划。

第二节　职业生涯与职业生涯规划

一、认识职业生涯与职业生涯规划

职业生涯是一个人一生的工作经历，也是一个人人生中最重要的身心历程，决定着个体追求自我价值和实现自我价值的内容。个人在职业、职位的变动及职业理想实现的过程中，需要对职业生涯进行具体的设计，以实现个人职业生涯的合理规划。职业生涯贯穿每个人的生命历程，而职业生涯规划就是对这一历程的策划、管理与经营。在进行职业生涯规划之前，我们有必要对职业生涯与职业生涯规划进行细致且全面的认识。

（一）职业生涯

生涯，"生"即生活，"涯"即边界、范围。职业生涯是指一个人一生中与职业发展相关的持续性历程，涵盖学习、工作、晋升、转行等经历。它不仅是谋生手段的集合，更是个人价值观、能力成长与社会角色演变的综合体现。职业生涯可理解为人生道路、生活经历和事业发展等活动过程的总和。人的一生，包含幼年、少年、成年、中年、老年几个阶段。人从成年开始便进入职业和生活发展的高峰期，这一时期也是人们追求自我、实现自我的重要阶段，职业生涯也随之变得丰富起来。

职业是社会个体赖以生存和发展的主要途径，处于职业生涯的核心位置，对个人的生存和发展起着关键作用。人的一生可能有各种各样的职业历程，而职业生涯的成功与否取决于多种因素，包括社会环境的影响、个人能力和价值观的综合作用,以及把握机遇的能力等。总之,职业生涯是围绕学习、生活、就业和发展等方面展开的,大学生应该对职业生涯及其规划有清楚的认识和把握。

职业生涯是一个动态发展的过程,包含个人一生中所有与职业岗位和工作活动相关的生活经历。不论职位高低、职业生涯成功与否,每个人的职业生涯都是独一无二的。

从经济的角度来看,职业生涯就是个人一生中所经历的一系列职位和角色。它与个人的职业发展过程和经济生活相互关联,又与个人接受的教育培训和成长过程中的心路历程密不可分。个人成长和受教育的过程,也是对自身的生理、心理、智力等能力进行开发的过程,这些开发将会对职业生涯的发展产生极大的影响。但无论职业生涯如何发展,最终都会以工作内容、工作业绩、工资待遇、职称和职务为标准,从社会的角度来对其进行经济方面的考量,而个人则会更加注重工作经历、内心体验、职业理想和人生目标的达成。

（二）职业生涯规划

职业生涯规划简称生涯规划,又叫作职业生涯设计,指个人对职业生涯和人生的发展进行系统而持续的计划。职业生涯规划可表述为个人通过与外部环境相结合,对职业环境等外在因素进行测定、分析和总结,再结合个人的兴趣、爱好、能力和个性等内在因素进行综合分析与权衡,然后根据个人的职业倾向和时代特点,确定最佳的职业定位和人生目标,并为实现这一目标作出行之有效的安排和策划的过程。

职业生涯规划最主要的目的是帮助个人真实和全面地了解自己,从而引导个人寻找最合适的方式和方法,最终实现人生目标。当代大学生在为自己规划事业大计、筹划未来及拟订人生职业道路时,须结合主观条件和客观条件设计出科学可行的职业生涯发展方案。大学生在朝着目标奋斗的过程中，需明确把握发展方向，制订相应的培训、教育和工作计划，并按照职业生涯发展方案实施具体的行动，把达成目标作为人生的核心任务。由于职业生涯贯穿人的一生，因此，大学生对职业生涯进行规划的过程，就是给自己的未来绘制理想蓝图的过程。

二、大学生进行职业生涯规划的意义

（一）有利于认识自我

认识自我是职业生涯规划的前提。充分认识自我，我们便能根据自身的能力和需要对职业发展方向进行探索，而不是盲目从众、随大流。认识自我时，我们需要对自身进行深层次的剖析，以便对自己的能力、优势和劣势加以了解，再根据生活中掌握的经验分析未来工作的方向，从而彻底解决"我想干什么"和"我能干什么"的问题。在此基础上，再通过对就职要求、就业渠道、工作内容和职业发展前景，以及行业的薪资待遇等相关因素的了解和认识，找到自己的职业和人生定位，理性分析自身所具备的能力和资本，从而作出长远打算，这是职业生涯规划得以实现的基础，正所谓"知己知彼，百战不殆"。

（二）有助于确定职业发展的目标

很多人事业成功的原因在于能尽早地明确职业发展的目标，并且为之坚持和奋斗。选择职业是人生大事，因为从某种程度上说，职业可以决定一个人的未来。事实上，明确的目标能激励人们积极地去创造条件，并为这一目标的实现而努力。大学生在进行职业生涯规划时，也可以结合自我定位、社会的发展变化和环境特征,确定符合个人实际情况且切实可行的职业发展目标,从而在明确的职业生涯规划的指引下,充分发挥自己的才能,朝着职业发展目标努力。

(三)激励个人努力学习和工作

每个人对未来都有憧憬,要想将职业目标和人生愿望变为现实,就需要结合自身情况制订具体的行动计划,同时努力工作,克服出现的困难,为早日实现目标而奋斗。对此,大学生需要懂得在学习和工作中珍惜时间,不断地完善自我,朝着自己的目标迈进。

(四)有助于挖掘个人的潜能

每个人都有自己的潜能,但潜能大多数时间都是"沉睡"着的,甚至人们自己都不了解自己的潜能。在职业目标和职业理想的驱使下,大学生若能克服艰难险阻,坚定信念,持之以恒地拼搏下去,即使不能取得令人瞩目的成就,也能把自己的潜能激发出来,获得可喜的成绩。

(五)有助于个人抓住生活重点

合理的职业生涯规划需要大学生处理和安排好日常学习、工作和生活中各项事务之间的关系,集中精力去做必须做的事,将生活的重心偏向有助于实现和发展职业目标的事务,通过合理的学习安排,生活就会变得充实;理清头绪,职业目标也会随之变得形象具体。通过职业生涯规划,大学生能明确学习、工作和生活的重点,从而进行科学合理的安排。

(六)有利于实现个体与职业的和谐发展

职业生涯规划的目的是促进个人健康、持续、协调和全面发展,将人与职业的发展有机结合起来,从而在个体与职业和谐的基础上,将职业发展作为实现人生价值的内容和工具,让个人的发展成为推动和促进职业发展与进步的主导力量,实现自我与职业的双赢。

个体的人生目标是多样的,如生活目标、职业发展目标、社会地位目标、人际环境目标等。在由所有目标构成的体系中,各目标之间相互影响。而职业发展目标是整个目标体系中最核心的部分,直接关系人们对成功与挫折、愉悦与遗憾的感受,影响生命的宽度和质量。人与职业的和谐发展也是事业成功的保证。

(七)有助于评估自身的收获和成绩

人们评价自身的学习和工作状况时,需要有相对明确的参照物。通过职业生涯规划的前后分析,大学生对自己目前学习和工作的状况便有了评估和比较的标准。大学生可以根据规划实施的进程来评价当前的学习和工作成效,分析自身的收获和不足,并有针对性地进行修正。如果学习和工作的成绩与预期的效果和花费的时间相适应,这便是最好的肯定,在处理后续的学习和工作任务时,大学生会更加明确目标并增强信心。若当前的学习和工作成绩与目标有差距,则需要找出原因,结合实际情况作出适当的调整,以便接受新任务的挑战。

(八)有利于寻找实现理想的通道

职业生涯规划能引导大学生树立明确的职业发展目标。它不仅能为个人成长指明方向,而且能促使每个人去探索适合各自情况的发展方案。围绕职业发展目标去学习和提升,即使目标与实际情况还不够协调,也会使人朝着既定的方向前行,这个方向便是大学生实现理想、努力奋进的方向。实现目标的意愿会转变成实际行动所需要的动力——意愿越强烈,动力也会越大、越持久,成功的概率也会随之增加。因此,职业生涯规划为人生旅程设定阶段目标并铺设通道,指引大学生通往成功的彼岸。确立人生奋斗目标后,围绕这一中心,大学生的行为将会更有效率、更有价值。

三、职业生涯规划的原则

正确的职业生涯规划能够使大学生顺利地步入职场并走向成功。大学生在制订自己的生涯规划时,切忌随意而为,而应遵循并把握职业生涯规划的原则,这样才能科学地制订出个人的职业生涯规划。

(一)目标导向

职业生涯的发展首先从选定目标开始,以目标为导向是大学生进行职业生涯规划的首要原则。在进行职业生涯规划的过程中,目标的设定十分重要。一般而言,职业发展目标具有以下特点。

(1)明确。目标要明确,并指明目前存在的主要问题。

(2)具体。目标可以有具体的衡量标准,如实现目标的准确期限、有关的约束条件等。

(3)系统。全面考虑目标在职业生涯发展中的主次、先后关系,建立起层次结构分明的目标体系。

(4)切实可行。目标应依据个人的能力、所处环境、某些不确定因素的影响来设定,避免设定不太现实或空想的目标。

(二)与社会发展相适应

伴随社会的持续发展,职业的数量和需求也会发生改变,一些新兴行业的出现意味着将会出现一些新的职业,有的职业也可能会被淘汰。因此,大学生在制订个人职业生涯规划时,一定要分析社会需求,把社会需求与个人愿望有机结合,这样才能顺利实现自己的职业发展目标。

(三)与个人特点相匹配

个人规划与个人专长相结合,实际上就是要在规划的职业道路上充分发挥自身优势,实现人尽其才、物尽其用。每一个行业对从业者总有共性的能力素质要求,甚至在某一专项上有高规格的要求,如外贸行业对外语听说能力有较高要求。大学生应该根据自身的能力、素质、兴趣、特长等,设定正确的职业发展目标。

(四)多维度相结合原则

大学生在职业生涯规划中要多维度考量,注意抽象与具体相结合、确定性与非确定性相结合、质化和量化相结合、实力与挑战相结合、自己与他人的意见相结合等。

(1)抽象与具体相结合。在职业生涯规划过程中,有些地方要抽象、模糊,有些地方则要具体、清晰。比如,战略考虑可以抽象,计划措施则必须具体。

(2)确定性与非确定性相结合。在职业生涯规划过程中,有些事情需要确定,有些事情则不能确定。一般来说,职业生涯的大方向是确定的,而实现最终目标的具体方法、途径、手段则可以相对灵活。

(3)质化与量化相结合。在职业生涯规划过程中,某些问题要有质的规划性,而另一些问题则要在质的基础上进行量化。比如,职业方向、最终目标等应注重质的规划性,以保持关注点始终如一;而具体目标的标准、实现时间等必须量化,以便随时了解实践状况,从而进行修正或强化。

(4)实力与挑战相结合。大学生设定的职业发展目标应当建立在自身实力的基础上,没有实力作为后盾,脱离实际,这样设计出来的目标就很难实现。但作为一个大学生,追求的目标又应具有一定的挑战性,这样才能最大限度地发掘自己的潜能,使自己取得更大的成功。

(5)自己的主见与他人的意见相结合。大学生进行职业生涯规划需要有自己的主见,如果没有主见,那么在主动性、积极性、实践性等方面,都不可避免地会出现问题。但大学生的人生观、价值观等都还没有完全形成,单凭自己的主见来完成职业生涯规划有一定的难度,此时就需要多倾听他人的意见,多了解各方面的信息,综合衡量后才能作出正确的决定。

(五)实践性

大学生职业生涯规划的目的在于指导自身的职业实践。如果没有积极的实践,规划就会变得毫无意义。大学生要坚持职业生涯规划的实践性原则,在制订规划时客观地审视主客观条件,清醒地认识自我,敏锐地感知社会需求,从而"量身定做"出切实可行的职业生涯规划。

四、职业生涯规划的基本步骤

职业生涯规划是一个长期、连续的过程,需要有一套完整的步骤来确保规划的顺利实施。这一完整的步骤一般分为客观认识自我、评估职业环境、设定职业生涯目标、制订行动计划、评估与修订。

(一)客观认识自我

在制订职业生涯规划之前,每一个大学生都应该回答"我是一个什么样的人?""我将来想做什么?""我能做什么?"等一系列的问题。

自我评估的目的,是认识自己、了解自己。因为只有认识了自己,才能对自己的职业作出正确的选择,才能选定适合自己发展的职业生涯路径。自我评估包括对自己的兴趣、特长、性格、学识、技能、智商、情商、思维方式等进行评估。

(二)评估职业环境

评估职业环境,主要是评估各种环境因素对自己职业生涯发展的影响。每一个个体都处于一定的社会环境中,或多或少都会与社会这个大环境发生关联。因此,大学生在制订个人职业生涯规划时,要分析环境的发展变化情况、自己与环境的关系、自己在环境中的地位以及环境对自己提出的要求等。大学生只有充分了解这些环境因素,才能做到在复杂的环境中趋利避害,使自己的职业生涯规划具有实际意义。职业环境的评估一般包括以下内容。

(1)我国有哪些产业、哪些行业,当下哪些行业比较热门。

(2)各行业的领头企业,企业的业务范围、类型、文化与风格等。

(3)社会能够提供哪些岗位,岗位的职责和要求,相关学习培训渠道与发展前景等。

(4)国家颁布的就业与创业政策等。

(三)设定职业生涯目标

职业生涯目标的设定是职业生涯规划的核心。个体事业的成功与否,很大程度上取决于有无正确、适当的目标。没有目标就不知道自己应走向何方,只有设定了目标,才能明确奋斗方向。一般来说,职业生涯目标可以按时间维度和性质维度进行划分。

(四)制订行动计划

大学生一旦确定了职业生涯目标,行动便成了关键的环节。没有行动,目标就难以实现,更谈不上事业的成功。这里所说的行动,是指落实目标的具体措施,主要包括工作、训练、教育、轮岗等方面的措施。

例如,在工作方面计划采取什么措施以提高工作效率,在业务素质方面计划学习哪些知识、掌握哪些技能、提升哪些业务能力等。这些目标都要有具体的实施计划与明确的措施,以便定期检查。

（五）评估与修订

俗话说:计划赶不上变化。影响职业生涯规划的因素有很多,有的影响因素是可以预测的,而有的影响因素则难以预测。在此情况下,大学生要使职业生涯规划行之有效,就必须不断地对职业生涯规划进行评估与修订。一般修订的内容包括职业的重新选择、人生目标的修正、实施计划与措施的变更等。

当然,大学生既可以只对某个阶段性目标的实施路径进行更改,也可以对理想的发展目标进行更改,但这一切都应符合客观现实的需要。

第三节　大学生职业意识与职业理想

一个人的职业生涯往往会贯穿其学业结束后的大部分人生,因而职业生涯的规划和实现是一个漫长的过程。大学生要想顺利实现职业生涯规划,首先要树立和培养自身的职业意识与职业理想。

一、认识职业意识与职业理想

职业意识与职业理想直接影响个人职业发展的深度与广度,因此,大学生在认识和规划职业生涯时,也应该认识职业意识与职业理想,并将其作为重要的参考因素之一,体现在整个职业生涯规划执行和实现的过程中。

(一)职业意识

职业意识是人们对职业劳动的认识、评价、态度和情感等心理成分的综合反映,是职业道德、职业操守、职业行为等职业要素的总和,是约定俗成的。它不仅影响个人的就业和择业方向,也会影响整个社会的就业状况。

对于大学生而言,职业意识体现了大学生在职业选择过程中对自己现状的认识和对未来职业的期待,在很大程度上影响大学生的择业态度和择业方式。职业意识包括诚信意识、自律意识、学习意识、竞争意识和危机意识等多个方面。

1. 诚信意识

诚信是大学生进入社会的"通行证"。社会主义市场经济的正常运转,需要每个人诚实守信、遵守契约。大学生只有努力培养诚实守信的优良品质,才可能成为高素质人才,承担起社会责任。另外,诚信也是高尚的人格力量和宝贵的无形资产。只有诚实守信的大学生,才能在人际交往中树立良好的品德形象,为自己铺平前行的道路。

2. 自律意识

大学生一定要分清职业与业余的区别,从而在进入职业角色时能够克制自己的偏好,克服自己的弱点,进而约束自己的行为。

3. 学习意识

社会发展突飞猛进,新的知识不断涌现。当代大学生要想使自己有所成就,就一定要具备良好的学习心态,不断充电、与时俱进,这样才能让自己跟上时代步伐,才有可能实现人生价值,取得职业生涯的成功。

4. 竞争意识和危机意识

有竞争才会有进步,有竞争自然就会衍生危机意识。可以说,竞争意识和危机意识是一对孪生兄弟。现在的大学生获取信息的途径非常广泛,获取的信息量也很大。但由于家庭环境、所受的教育和社会环境等因素的影响,部分大学生对竞争意识和危机意识并没有切身的体会。因此,对于大学生而言,竞争意识和危机意识的培养也是不可或缺的。

(二)职业理想

职业理想是人们依据社会要求和个人条件而确立的职业奋斗目标,即个人渴望达到的职业境界。职业理想是一个人在职业生涯中不断奋斗的动力,是其实现生活理想、道德理想和社会理想的重要途径。职业理想的设定也是大学生世界观、人生观、价值观,以及职业目标、职业成就、职业期待的一种反映。

职业理想是个体对未来职业的向往和追求,它决定着人们在职业生涯中的事业心和责任感。总体来说,职业理想具有以下三个方面的作用。

(1)导向作用。职业理想是个体对未来职业的向往,个体一旦确立了科学的职业理想,就应该朝着实现这一理想的方向努力。例如,一些大学生在学习过程中,一旦明确了学习目标,学习热情就会高涨,学习效果自然就会显著。这里所说的学习目标就好比大学生的职业理想。由此可见,有了明确、切合实际的职业理想,再经过努力奋斗,人生发展目标终会实现。所以,职业理想起着非常重要的导向作用。

(2)推动作用。职业理想不仅包括理想的工作部门、工作种类,还包括工作成就。无论是就业还是创业,每个人都要有自己的职业理想。为了实现自己的职业理想,从学生时代起,个体就要积极进行相关知识的积累和相关能力的培养,为选择自己理想的职业作好准备;走上工作岗位后,个体还要利用所学知识和所掌握的技能,努力干好岗位工作,并最终取得职业成功。总之,职业理想是取得职业成功的推动力,它会让你不管是在顺境还是逆境中都坚持奋发向上、勇往直前。

(3)激励作用。职业理想是成就事业、推动社会进步的精神力量。这样的精神力量,无论是在职业准备、职业选择还是在就业或创业的过程中,都会激励大学生朝着既定的职业目标前进,直到事业成功。

二、大学生职业意识的培养

职业意识是一种学习力,它可以让大学生在以后的职业道路上脱颖而出。同时,大学生的职业生涯规划又深受其职业意识的影响,而大学的学习和生活其实就是职业的准备阶段。因此,培养大学生的职业意识,对大学生的社会化过程乃至其终身的职业发展都具有重要意义,培养大学生职业意识的途径有以下两种。

(一)了解职业意义,渗透职业意识

从某种意义上说,大学只是职业探索中的一个重要发展阶段。大学生根据自身的职业兴趣和能力特长选择适合的专业,然后结合社会需求、自身的职业目标等学习专业知识、培养专业技能,并最终走向社会,为职业探

索作好前期准备。因此,在大学时期了解职业意义对大学生来说是十分重要的。

个体的职业生涯一般都会经历探索、成长、立业等若干阶段。学校要根据大学生的实际情况给予正确的引导和教育,让大学生尽早地了解职业对个人、家庭及社会的重大意义。学校应从大学生入校之日起就为其今后的职业生涯发展做好铺垫和教育工作,并逐步培养大学生的职业意识,帮助其完成从学生到职场人士的自然过渡。

(二)树立自信心,养成职业意识

自信心是大学生在成为职场人士的道路上不可或缺的原动力。大学生成功树立起自信心,能够正确面对成长路上的各种挫折,也是其养成职业意识的必要条件。

充满自信的大学生往往能够比较积极、主动地与他人接触,会更容易融入社会,更乐于探索职业的意义以及规划自己的职业生涯。另外,自信的大学生具有更强的适应和生存能力,具有更强的心理素质。因此,学校有责任和义务帮助大学生树立自信心,使其正确认识自己、发挥自我潜能,从而能够结合社会需求和自我特点形成职业意识。

三、大学生职业理想的树立

大学生由于知识能力、道德观念、家庭背景、对外界影响的接受程度不同,不可能形成统一的职业理想。所以大学生首先要用科学的世界观作为指导,即一切从实际出发,实事求是地确立自己的职业理想;其次,在树立职业理想时,大学生还应做到学以致用,选择与个人能力相匹配的职业作为自己的理想职业。

大学生要想树立正确的职业理想,可以从以下两个方面出发。

(一)全面认识自己

大学生要想树立正确的职业理想,首先要全面认识自己,具体内容如下。

(1)全面认识自己的生理特点,主要包括身高、性别、年龄、体重、健康状况、相貌等。

(2)全面认识自己的心理特点,主要包括兴趣、能力、气质、道德品质及人格类型等。

(3)全面认识自己的学习水平和将来可能达到的状态。

(4)正确认识自己的身心特点、学识能力等与未来职业要求之间的差距,要在全面认识自己的基础上,结合自身的发展潜力对自己进行合理定位。

只有这样,大学生才能确定一个适合自己的切实可行的奋斗目标,也才能确立一个可以实现的职业理想。

(二)全面了解社会和职业

大学生要树立正确的职业理想,除了全面认识自己外,还要全面、科学地了解社会和职业,具体内容如下。

(1)了解我国的基本国情。

(2)了解党和国家的路线、方针、政策。

(3)了解我国社会的经济构成及发展状况。

(4)了解各地区的产业结构、行业结构和职业结构。

(5)了解自己所学专业所对应的职业群,以及该职业群在社会主义建设中的地位和作用。

（6）了解该职业群中各种职业的社会价值、工作性质、工作条件、工作待遇，以及该职业群中各种职业对人员的素质要求，包括学历、专业、性别、性格等。

（三）树立正确的职业观

职业观是指个体对职业问题的根本看法，如对职业的评价，它也是职业理想在职业问题上的反映。职业观具有三个基本要素，分别是维持生活、发展个性和承担社会义务。这三个基本要素中占主导地位的要素将决定个体职业观的类型与层次。正确的职业观是把三个基本要素统一起来，并将承担社会义务作为主导要素。

（四）树立正确的人生观

人生观是人们在实践中对人生目的和人生意义的根本看法和态度，不同的人生观会影响人们选择不同的人生道路。由此可见，持不同人生观的大学生，其职业理想肯定是不同的。

在正确的人生观的指引下才会产生正确的职业理想。因此，大学生要坚持以辩证唯物主义的立场、观点和方法看待人生，要坚持以实现社会主义的共同理想为目标，不断加强学习，提高自己的思想素质、文化素质和能力素质，并不断地完善自我，做到自尊、自爱、自强，树立正确的人生观。

只有这样，大学生才能使自己的职业理想符合大众的根本利益，才能把择业与选择人生道路有机地结合起来，使自己在就业或创业的过程中，既实现自己的职业理想，又为大众和社会作出应有的贡献。

拓展阅读

让高职学生成人又成才

高职教育是高等教育的重要组成部分,数以亿计的高素质劳动者是国家发展和社会进步的人才保障。培养德智体美劳全面发展的社会主义建设者和接班人,高职院校责无旁贷。具体而言,就是要通过教育,让高职学生成人又成才,把他们真正锻造成经济社会发展所急需的、职业岗位特质明显的、"心中有爱、眼中有人、肚中有货、手中有艺"的新人。

心中有爱,就是要厚植爱国主义情怀,教育引导学生热爱和拥护中国共产党,立志听党话、跟党走,立志扎根人民、奉献国家。爱是人类最深层、最持久的情感,学生心中有爱,才能作出正确的选择、承担应有的责任,才能把自己的理想同祖国的前途、把自己的人生同民族的命运紧密联系在一起。基于此,学校更应将思想政治教育摆在首位,坚持立德树人,把培育和践行社会主义核心价值观融入教书育人全过程,引导学生树立共产主义远大理想和中国特色社会主义共同理想,让学生成为有大爱大德大情怀的人。

眼中有人,就是要让学生树立起正确的人生价值观,扣好人生第一粒扣子,明白什么是"大写的人"。比如尊重他人,引导学生在包容理解中达成和谐的人际关系;比如善于合作,让学生明白成功需要集思广益、共同奋斗;比如懂得感恩,感恩时代给我们奋斗的机会,感恩父母对我们的无私关爱等等。而要让学生眼中有人,首先教师要眼中有人。教师应该把自己温暖的情感倾注到每一个学生身上，用欣赏增强学生的信心，用信任树立学生的自尊，如此方能让学生"亲其师信其道"。

肚中有货，就是要夯实专业基础，让学生求真学问、练真本领。所谓"腹有诗书气自华""玉不琢，不成器；人不学，不知道"，知识是每个人成才的基石，在学习阶段一定要把基石打深打牢。对于高职学生来说，一方面要按照职业教育规律和学生成长规律，构建"能力本位＋"的课程体系，提升他们的职业能力，让他们拥有立足社会、服务社会、贡献社会的资本；另一方面要构建荣誉体系，激励学生个性发展，为他们的未来职业和幸福人生打下基础。

手中有艺，就是要崇尚工匠精神，有精湛的一技之长。今日职业院校的学生，将来走向社会，就是各行各业的技术技能人才，更是中国制造业的生力军。因此，引导学生树立敬业、精益、专注、创新的精神，培养学生对职业敬畏、对工作执着、对产品负责的态度，很有必要。要将精益求精印在学生心上，就要把工匠精神融入人才培养的全过程，可以通过大学第一课、专业引导课、大师公开课等，激发学生对技艺的兴趣；通过创新创业课、技能拔尖课、工匠培育课等，磨炼他们的技术、唤起他们的自信。

培育"四有"新人，高职教育任重道远。期待高职院校以树人为核心、以立德为根本，培养出社会需要的人才；期待高职学生学到真本领，用勤劳和智慧创造美好人生。

（来源：孙兴洋，《人民日报》，2019 年 1 月 20 日第 5 版）

思考与练习

1.案例阅读与分析

小陈从财贸职业学院的会计专业毕业后不久,就成功应聘上一家知名企业的财务助理,在从事了近两年的财务助理工作后,小陈觉得自己的理想职业并非做财务助理,于是转行做了销售工作。可工作一段时间后,她发现销售工作看起来容易,可实际做起来太难了,加上自己本就不喜欢和陌生人打交道,这让她感觉越来越累,最后实在无法坚持下去,不得不选择辞职。后来在朋友的介绍下,小陈应聘做了网站编辑,可编辑没当几天,她又觉得编辑工作其实也不适合自己。

几次失败的就业经历,深深地打击了小陈的自信心,她开始怀疑自己。目前,她待业在家,都不知道下一步该如何走了。

(1)假设你是小陈,你将如何规划自己下一步的职业发展?

(2)请结合个人的成长和学习经历,谈谈你对职业理想的看法,并说一说你的职业理想是什么。

(3)请结合个人的成长和学习经历,谈谈你对职业生涯规划的看法。

2.职业理想是人们进行职业判断的尺度,是判断职业是否称心的标准。当代大学生作为未来社会发展的中坚力量,更需要树立正确的职业理想。请你结合课堂学习,思考以下几个问题,并与其他同学分享。

(1)你未来的职业理想是什么?

(2)你准备为实现职业理想做些什么?

(3)当你的职业理想与现实中的职业冲突时,你打算怎么处理?

自我认知和探索

知识目标

1. 进行正确自我认知,借用性格认知理论对自己进行科学的认识。

2. 认识自我探索,明确自我探索、自我认知的基本概念。

3. 通过学习与思考,建立自我探索与认知的意识,对自己有全面深刻的认知。

能力目标

1. 充分认识到自我认知、自我探索的重要性。

2. 学习自我认知、自我探索的方法。

素质目标

1. 培养建立自我认知的能力。

2. 提高自我探索的意识。

学习重点

1. 明确自我认知在择业就业中的重要地位。

2. 如何通过自我探索和认知,在个人职业生涯中取得成功。

3. 在自我探索与认知中提升批判性思维,以及情绪管理能力和时间管理能力。

案例导入

张同学是学电子商务专业的,大学毕业后,想到大城市找到一份高薪工作,就此在大城市扎根。可是,张同学家在县城,父母年迈、体弱多病。父母期待张同学能回到县城考取公务员,张同学考虑到家庭原因,决定回到故乡,但是经过一年努力,张同学并未如愿考取当地公务员。父母支持张同学继续备考,但张同学深感压力巨大,便在当地一家私营企业找了一份出纳的工作。

经过半年的工作,张同学未能找到工作的归属感,工作也没有太大起色,感到压力很大,和想象的职场生活存在很大出入,他还是渴望回到毕业学校所在的城市,回到熟悉的环境和朋友身边。经过和父母再次商量,张同学到省会城市重新找到一份工作,这份工作晋升机制较为明确,周围都是积极向上的同龄人,张同学在这里重新找到了奋斗的意义。

案例思考

这个案例告诉我们,在自我探索与认知的过程中,可能会有很多外部因素对个人的自我认识、自我判断、自我决断产生影响。只有全面分析自身的主观因素、客观条件,在现有条件的基础上,争取在职业、专业等方面取得进步,综合考虑选择未来职业,才能在职业生涯中取得成就。

　　大学生在对个人进行职业生涯规划前,首先要进行自我探索和认知。大学生的职业规划是一个涉及自我认知和自我探索的复杂过程,它不仅关乎职业选择,更是实现自我发展和成长的重要保证。事实上,大学生的职业规划是一个自我发现的过程,通过自我认知和职业探索,学生不仅可以找到适合自己的职业道路,还可以在这一过程中促进个人的全面发展。

第一节　　自我认知

　　大学生自我认知是一个深入了解自己内心、情感、价值观、兴趣和目标的过程。自我认知是个人成长和发展的关键步骤,通过自我认知,可以更清晰地认识自己的优势和劣势,从而更好地规划未来、直面未来。

一、自我认知的内涵

　　自我认知是指自己对自己的生理状况(如身材、容貌、健康状况等)、心理特征(如能力、气质、智力、性格等)、爱好特长,以及自己与他人和社会的关系(如与领导、老师、同学、亲人朋友等的关系及在国家、地区、单位的地位和作用等)的认识。自我认知是进行清晰的自我定位的基础,也是个人职业生涯的起点。

二、提高自我认知力的方法

自我认知包括对自己的生理状况、心理特征、价值观、人生方向和目标的认知,以及认清自己的优势和劣势,觉察自我的情绪变化及原因等。提高自我认知力主要有以下几种方法。

(一)追溯成长轨迹

大学生可以通过梳理不同人生阶段的成长故事(如童年趣事、少年往事),从过往经历中提炼成长规律,分析自身优势与待改进领域,进而破解独特的性格密码。回忆首次独立完成项目的经历,可洞察自己的责任意识与抗压能力。

(二)社交参照定位法

大学生可以建立多维坐标系进行自我观测,与同龄人比较沟通模式,分析情绪表达特征,这些对比如同安装了多面镜,能多维度映照出个人特质。

(三)建设性反馈整合

老师的专业分析、同伴的日常观察记录、家人的长期追踪反馈,可以将不同来源的评价进行可视化处理。

(四)心智显微镜计划

大学生可以创建周期性自省机制,每日微复盘、每周专项检视、绘制年度成长图谱,重点观察"行为—思维—结果"链条。

(五)科学工具解锁潜能

大学生可以运用权威量表(如 MBTI 性格评估、霍兰德职业测试)建立个人心理档案,最好选择信效度达标的专业量表,避免娱乐化测试。

三、自我评价的特点

自我评价是建立在自我认知的基础上,通过自我观察与自我分析等手段对自我身心素质进行全面评价,它不但包含自我整体的心理素质和知识、能力的评价,还包含对自我地位及外部环境的评价。自我评价在自我的个性发展中发挥着重要作用,并贯穿于人生的全过程。它指导着自我的进步和发展,促使自我更加成熟,人格更加完善。大学生自我评价的特点主要表现在以下几个方面。

(一)主动性

随着知识的积累,客观世界的发展变化,以及自我意识的提高,大学生自我评价的水平也越来越高,自觉性的自我评价也逐步转入经常性的自我评价。正是由于大学生自我评价具有自觉性和经常性,他们不断进步,日渐成熟,最终成长为社会的栋梁之材。

(二)丰富性

由于大学生涉猎广泛,思考问题的能力增强,活动范围扩大,自我认识和体验日益丰富,自我情感体验日趋复杂,因此其自我评价具有丰富性,如大学生的自豪感、自卑感、成功感、失败感、喜悦感、羞耻感等往往集于一身。

（三）两极性

两极性是指自我评价过低或自我评价过高,过高或过低都会偏离现实自我。由于现实生活条件和思想发展状况等因素,个体会产生满意与不满意、同情与不同情的体验,造成理性认识上的真与假的判断,从而产生自我评价的两极性。

（四）深刻性

大学生自我评价的自觉性和经常性,会使他们的自我评价能力和水平迅速提高,人生观和价值观趋于多元。他们既强调自我人生价值,又追求实用和实惠;既主张奉献精神,又力图索取;既追求社会地位,又不满足追求的结果;既想摆脱束缚,又想依靠外界的帮助。

四、自我评价的原则

（一）客观性原则

对自己进行观察、分析、评价要以客观的事实作为基础和依据。不客观的评价就是过高过低的评价,评价过高会使自己脱离现实,评价过低会使自己缺乏自信,过于自卑。

（二）全面性原则

自我评价应当全面,既要看到自己的优点和长处,又要看到自己的缺点和不足;既要看到自己某一方面的特殊素质,又要看到自己的整体素质。任何一种片面、孤立、不分主次的自我评价都是不全面的。

（三）发展性原则

自我评价时应以发展变化的眼光看待自己的现实素质，作出客观、全面的评价，而且应当着眼于未来发展变化，预见自己将来的发展潜力和前景。

五、自我评价的内容

进行职业生涯规划时的自我评价不仅包括对自我综合素质的评价，亦包括对所在学校、对所学专业社会需求等现实因素的评价，它们也是自我现实状况的一部分。

（一）对所在学校的评价

大学生自我评价的一个重要内容就是对自己所在学校进行评价。对学校进行评价，就是要评价学校的社会地位及社会影响力、学校的办学水平和能力、学校的培养目标、学校毕业生的素质和能力、学校的社会交往范围和学校的发展潜力。对所在学校进行评价就是要让学生认清自己。

（二）对所学专业社会需求的评价

大学生自我评价还包括对所学专业社会需求的评价。首先，要对所学专业进行分析评价。其次，要根据专业的社会需求进行分析评价。再次，要根据专业的设置情况进行分析评价。专业可分为长线专业和短线专业。

长线专业是指社会一直有需求，且学校常设的专业。此类专业毕业生需求相对稳定，常常出现供大于求的局面，求职就业有困难。短线专业毕业生往往供不应求，经常出现一个学生被几个用人单位争抢的局面。最后,还要分析和评价所学专业的发展前景和潜力。社会的发展变化很快,必然会出现老化型、成熟型、发展型和新兴型专业。

不可否认,大学生所学的专业对其择业有较大的影响,但近年来出现了用人单位淡化专业对口的要求,更看重人才可塑性的现象。高等教育主要是对学生进行思维方法、学习新知识的能力与方法的训练。如果学生综合素质高、基础扎实、独立思考能力强、知识面宽、自学能力和适应性强,那么他的可塑性就高,后劲就足,就有较大的发展前景。由此可见,当专业有所不足时,可以通过自身素质来弥补。

（三）对自我综合素质的评价

对自我综合素质的评价主要围绕知识水平、道德修养、沟通能力等方面进行综合评价。

第二节　自我探索

自我探索是人生的重要课题之一。对于大学生而言,第一份职业的选择并不是一件容易的事。职业的选择不仅仅是找到一份工作,也是个人在与职业环境的互动中,更加知道"我"想成为一个什么样的人,并且努力完成一系列任务的生命历程。本节将帮助学生了解自我,掌握自我认知的内容,理解探索自我的重要性,并掌握一些进行自我探索的基本方法,从而帮助学生树立职业生涯自我管理意识,全面培养学生自我探索的能力。

一、自我探索的内容

（一）兴趣爱好探索

兴趣指的是个体以特定的事物、活动及人为对象，所产生的积极的和带有倾向性、选择性的态度和情绪。职业兴趣指的是积极探究某种职业或者从事某种职业活动时所表现出来的特殊个性倾向。兴趣是职业生涯规划的内因之一。职业兴趣不仅是职业选择的重要依据，也可以让求职者在参加工作后提高工作效率，充分发挥才能；同时，兴趣还是提高工作满意度、增强职业稳定性、获得职业成就感的重要因素。

美国著名心理学家约翰·霍兰德（John Holland）长期从事职业咨询工作，并于20世纪五六十年代提出了职业兴趣理论，阐述了个人兴趣与环境类型相匹配的思想。他认为，一个人的职业兴趣会极大影响职业的适宜度。当个体从事的职业与其兴趣相吻合时，就可能发挥最佳水平，易于作出成绩；反之则可能感到极不适应或者毫无兴趣，即使取得一定成绩，也难以获得成就感。他将职业兴趣分为六种基本类型：实用型、研究型、艺术型、社会型、事业型、事务型。同一类型的职业通常会吸引相同人格特质的人，从而产生特定的职业氛围、价值观念、态度倾向、行为模式。

（二）个人性格探索

性格也称为人格特质，是一个人在生活中对人、对事、对自己、对外在环境所表现出来的一致性应对方式。每个人在其成长过程中，均可能受到遗传、生理、家庭教养、文化、学习经验等因素的影响，从而形成自己的独特个性，在不同情境中表现出特定的行为反应。在不同因素影响下，不同地区的人也会有不同的性格类型。性格类型没有好坏之分,而在工作或人际关系中,也没有更好或更坏的组合。每一种性格类型都会有独有的优点。可以借助一些性格测量工具来了解自己的性格特点。迈尔斯－布里格斯人格类型测验(Myers－Briggs Type Indicator,MBTI)是目前应用较为广泛的职业性格理论模型。该模型是伊莎贝尔·迈尔斯(Isabel Myers)和凯瑟琳·布里格斯(Katherine Briggs)在荣格人格理论的基础上提出的一套个性测验模型。其意义在于解释人与人之间的差异现象以及优化决策,对决策流程进行理性的干预。MBTI人格理论将性格分成十六种具体类型,有数据表明,S－N、T－F两种维度的组合(ST、SF、NF、NT)与职业选择更相关。其中对职业选择影响最大的维度偏好是"感觉－直觉"(S－N),这个维度偏好很大程度上决定了个体的兴趣特征。感觉型(S)的人喜欢那些涉及大量客观事实的工作,而直觉型(N)的人则更希望有机会在工作中探索各种可能性。对个体职业选择影响排名第二的维度偏好是"思维－情感"(T－F),这个维度决定了个体容易采用或者接受什么样的决策方式。思维型(T)的人更善于处理与物体、机械、规则或者理论相关的问题,情感型(F)的人更善于处理与人有关的问题,他们总能知道他人的价值取向,也懂得如何说服或者帮助他人。

需要注意的是可以用性格测量去了解自己,但不能把它作为你做或不做任何事情的借口。不要让性格类型左右自己的活动、人际关系和事业,更不要对某些性格类型持有偏见,对别人、对自己下定义。

(三)自我价值观探索

价值观指导个体在生活中作出选择,无论是在日常决策还是在重大生活转折点。它们帮助个体确定哪些行为是正确的,哪些是错误的,从而指导行为。价值观激励个体追求特定目标和结果。例如,如果一个人高度重视创造性,他们可能会选择那些允许或鼓励创新的职业路径。

价值观帮助个体评估他人的行为、社会事件和政策等,决定它们是否符合自己的价值标准。价值观在维护社会秩序和群体内的和谐中起着关键作用。共享的价值观有助于人们建立共识,形成集体身份。

价值观从儿童时期开始形成,并受到家庭、教育、文化和个人经历的影响。随着时间的推移和环境的变化,个人的价值观可能会发生变化,尤其是在经历了重大生活事件或文化交流后,价值观的变化可能会导致个人重新评估自己的生活和职业选择。

价值观可以广泛分类为个人价值观和社会价值观,它们在不同层面影响着人的行为和选择:

个人价值观强调个体内心的信念,如诚实、独立、勇敢等。这些价值观通常影响个人如何与他人互动,如何看待自己的职业和个人生活。

社会价值观关注的是一个社会或文化认为重要的标准,如平等、正义、自由等。这些价值观形塑了法律、政策和社会规范。

(四)个人能力探索

能力是指一个人可以完成某件事情的资质与本领,具有经常的、稳定的特点。能力总与活动联系在一起,也只有通过活动才能表现出来,并在活动中得到发展。

例如,一位小学教师所具有的语言表达能力、组织能力等都是保证教师顺利完成教学活动的条件。能力表现在所从事的各种活动中,并在活动中得到发展。也就是说,只有在一个人所从事的某种活动中,才能看出他所具有的某种能力。能力的高低会影响人的活动效率。就业能力是个体在劳动力市场所表现出来的综合能力,是个体寻找、维持、更换工作时所凭借的综合能力。世界著名教育心理学家霍华德·加德纳(Howard Gardner)

的研究表明,人类至少有八种不同的智能:言语语言智能、逻辑数学智能、视觉空间智能、音乐节奏智能、身体运动智能、人际交往智能、自知自省智能、自然观察智能。这八种智能在个人的智力结构中都占有重要的位置,几乎处于同等重要的地位。

按能力获得方式(先天具备和后天培养)的不同,能力可以分为能力倾向和能力技能。能力倾向是指经过适当训练或被置于适当的环境下完成某项任务的可能性,它是指一个人能学会做什么,以及一个人获得新的知识和技能的潜力如何,而不是当时就已经具备的现实条件。能力技能可以分为专业知识技能、自我管理技能、可迁移技能(或称通用技能)等。

二、自我探索的方法

探索适合自己的职业是一个深入和多方面的过程,它要求个体对自己有深刻的认识并结合实际的市场信息进行决策。以下是详细的职业探索方法,可帮助个体在选择职业道路时作出明智的决定。

(一)自我评估

自我评估是职业探索的基石,涉及对个人兴趣、能力、价值观和性格的全面了解。

约哈里窗口(Johari Window)是一种用于帮助个人更好理解自己和他人的心理工具,旨在提高个人的自我意识和对人际关系的理解。

约哈里窗口将个人的自我认识分成四个象限,每个象限代表个人与他人之间信息的可见性和隐藏性的不同方面。

(1)公开区:自己和他人都知道的信息,如自己的行为特点、知识、技能、态度等。公开区包括工作经验、技能证书以及同事们普遍了解的性格特质。

（2）盲区：别人能看到，但自己未察觉的信息。他人可能觉察到你的某些习惯或反应，而你自己却未必意识到。通过寻求反馈可以减小盲区。例如，同事和上司可能会指出你在团队项目中的某些表现，这可能是你未曾意识到的优点或待改进的地方。

（3）隐藏区：自己知道但他人不知道的信息。可能是因为个人选择隐藏某些个人信息或情感。隐藏区可能包括你的长远职业目标、私人生活细节或个人的不安和恐惧。

（4）未知区：自己和他人都不了解的信息。这可能包括未被发掘的才能、潜在的能力或深层次的动机。接受不同的职责，或尝试新的项目，或接受新的挑战，可以帮助探索和揭示这些未知的潜力。

使用约哈里窗口可以进行自我探索：

约哈里窗口是一个强大的工具，可以帮助个体在职业和个人发展中提高自我意识和人际交往效能。通过这个模型，我们可以更好地了解自己，从而在职业生涯规划中作出更明智的决策。

（1）增加公开区：主动分享信息，提高透明度，比如在团队会议中分享个人的思考和感受。请求反馈，主动询问他人对自己的看法和建议。

（2）减少盲区和隐藏区：鼓励开放的反馈环境，定期进行360度评估。关注他人的反馈，特别是在你可能未意识到的行为或习惯上。在信任的环境中，尝试透露更多个人的想法和感受。在职业发展对话中，与导师或职业顾问分享你的职业抱负和担忧。

（3）探索未知区：尝试新的活动和挑战，如跨部门项目或学习新技能，以探索未知的个人潜能。进行深度心理测试或职业指导，以帮助发现潜在的兴趣和才能。

约哈里窗口通过揭示自我认知的不同方面，帮助个人在与他人的互动中更好地理解自己。这一工具不仅适用于个人成长,还广泛应用于团队建设和组织发展中。通过增加公开区的内容,减少盲区和隐藏区,以及探索未知区,个体可以更全面地了解自己,并与他人建立更深层次的关系。

(二)兴趣认知

前文已经提到,霍兰德将职业兴趣分为六种基本类型:实用型(R,realistic)、研究型(I,investigative)、艺术型(A,artistic)、社会型(S,social)、事业型(E,enterprising)、事务型(C,conventional)。

同一类型的职业通常会吸引相同人格特质的人,从而产生特定的职业氛围、价值观念、态度倾向、行为模式。

兴趣岛测试:你获得了一次免费岛屿度假的机会,唯一的要求是你必须与岛上的居民一起生活至少半年的时间:①请不要考虑其他因素,仅凭自己的兴趣挑出你最想前往的岛屿。②第二会选择哪一个岛?③最不愿意选择哪一个岛?

选好之后,依次记下问题的答案。

A岛——美丽浪漫岛:岛上遍布美术馆、音乐厅,弥漫着浓厚的艺术文化气息。

I岛——深思冥想岛:岛上的居民喜好观察、学习、研究、分析,崇尚和追求真知。

C岛——现代有序岛:岛上的居民个性冷静保守,处事有条理,善于组织策划,细心高效。

R 岛——自然原始岛:岛上的居民以手工见长,自己种植花果蔬菜、修葺房屋、打造器物、制作工具。

S 岛——温暖友善岛:岛上的居民个性温和,乐于助人,重视教育,关怀他人,充满人文气息。

E 岛——显赫富庶岛:岛上的居民善于企业经营和贸易,能言善辩,以口才见长。

对照每个岛屿代表的职业兴趣,你可以重新思考自己所喜欢的职业,以便在选择职业时有更清晰的方向。

选择 A 岛的人:艺术型

共同特点:有创造力,乐于创造新颖、与众不同的成果,渴望表现自己的个性,实现自身的价值。做事理想化,追求完美,不重实际。具有一定的艺术才能和个性。善于表达,怀旧,心态较为复杂。

典型职业:演员、导演、艺术设计师、雕刻师、建筑师、摄影师、广告制作人、歌唱家、作曲家、乐队指挥、小说家、诗人、剧作家。

选择 I 岛的人:研究型

共同特点:思想家而非实干家,抽象思维能力强,求知欲强,肯动脑,善思考,不愿动手。喜欢独立的和富有创造性的工作。知识渊博,有学识才能,不善于领导他人。考虑问题理性,做事喜欢精确,喜欢逻辑分析和推理,不断探讨未知的领域。

典型职业:科学研究人员、教师、工程师、电脑编程人员、医生、系统分析员。

选择 C 岛的人:事务型

共同特点:尊重权威和规章制度,喜欢按计划办事,细心、有条理,习惯接受他人的指挥和领导,自己不谋求领导职务。喜欢关注实际和细节情况,通常较为谨慎和保守,缺乏创造性,不喜欢冒险和竞争,富有自我牺牲精神。

典型职业:秘书、办公室人员、记事员、会计、行政助理、图书馆管理员、出纳员、打字员、投资分析员。

选择 R 岛的人:实用型

共同特点:愿意使用工具从事操作性工作,动手能力强,手脚灵活,动作协调。偏好于具体任务,不善言辞,做事保守,较为谦虚。社交能力欠缺,通常喜欢独自做事。

典型职业:技术性职业(计算机硬件人员、摄影师、制图员、机械装配工),技能性职业(木匠、厨师、技工、修理工、农民)。

选择 S 岛的人:社会型

共同特点:喜欢与人交往、不断结交新的朋友,善言谈,愿意教导别人,关心社会问题,渴望发挥自己的社会作用,比较看重社会义务和社会道德。

典型职业:教育工作者(教师、教育行政人员),社会工作者(咨询人员、公关人员)。

选择 E 岛的人:事业型

共同特点:追求权力、权威和物质财富,具有领导才能。喜欢竞争、敢冒风险、有野心、有抱负。为人务实,习惯以利益得失来衡量做事的价值,做事有较强的目的性。

典型职业:项目经理、销售人员、营销管理人员、政府官员、企业领导、法官、律师。

不要把六种兴趣类型割裂,它们不是彼此独立,而是相互关联。霍兰德用六边形模型来表示这六种类型间的关系(图 2-1)。

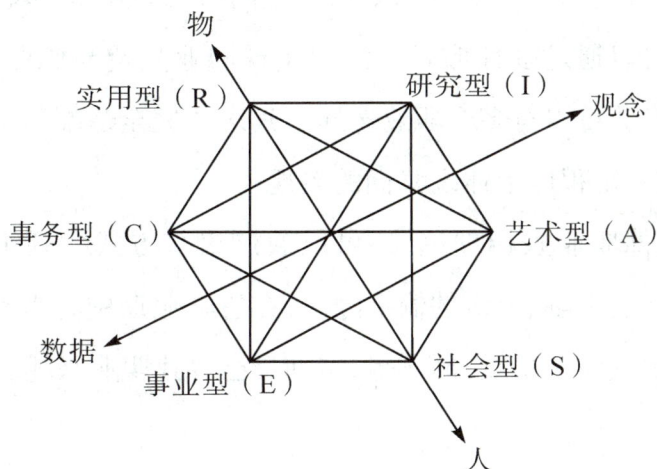

图 2 - 1　霍兰德六边形模型

　　他认为这个六边形模型表现出这样的规律性：R、I、A、S、E、C 按顺时针排列形成环形；每两种类型之间有三种关系，即相邻、相隔和相对；相邻职业兴趣类型间的相关性最大，相隔职业兴趣类型间的相关性次之，相对职业兴趣类型间的相关性最小。

　　相邻两个角之间在各种特征上最接近，相关程度最高，这种关系叫相邻关系。最理想的职业选择就是个体选择与其个性类型相一致的职业环境。例如，研究型的人在研究型环境中学习和工作，即达到"人职匹配"，因为在这种环境中工作，个人最可能充分发挥自己的才能，并具有较高的工作满意度。

　　如果个体选择与其个性类型相邻的职业环境，如实用型的人在研究型或事务型环境中工作，由于两种类型间有较高的相关关系，则个人经过努力和调整也能适应职业环境，属于"人职次协调"。

　　六边形中处于对角位置的类型之间为相对关系，也就是说这两种类型差异很大，相关程度很低。最坏的职业选择就是个人在与其个性类型相斥的职业环境里工作，在此情况下，个人很难适应职业，也不太可能从工作中得到乐趣,这就是"人职不协调",如研究型的人在事业型环境中工作。

现实中,可以通过多种形式灵活地实现职业兴趣与职业环境的适配。首先,同一个专业可以有多个职业选择。其次,"完全适配"的可能性不大,只能说职业在一定程度上体现我们的兴趣。

除了霍兰德职业兴趣理论,还可以通过很多方式找到个人的职业兴趣,例如回忆过去上学、上班的愉快经历,在悠长假期中花费精力最多的事务,日常生活中关注的报纸、网页等,帮助自己寻找职业兴趣。

第三节　自我认知与探索的目标

一、识别职业性格

职业性格是指一个人在工作环境中的行为和态度模式,反映了个体在职业活动中的偏好、动机和工作方式。

职业性格影响个人在职业选择和职业满意度方面的表现,外向型的人更适合需要频繁社交的工作,如销售或公关工作。职业性格会影响个人在职业生涯中的发展路径。尽责性强的人更可能在需要高责任感和组织能力的职位上表现出色,如项目管理。职业性格也反映了一个人对不同工作环境和工作压力的适应能力。

职业性格与基础性格密切相关,但也会受到工作环境和工作要求的影响。职业性格可以通过培训和职业经验得到发展和调整。通过职业培训,一个人可以变得更擅长团队合作或领导。工作环境的变化也会对职业性格产生影响,在高压环境下工作的人可能会发展出更强的压力管理能力。

职业性格是基础性格在特定职业环境中的具体表现。一般情况下,外向的人与内向的人相比在销售岗位上表现会更加出色,因为外向的人喜欢与人互动,善于沟通。尽管基础性格较为稳定,但职业性格可以随着职业环境和职业要求的变化而有所调整,一个人在不同的职业阶段可能会表现出不同的职业性格特质。

识别自我职业性格,可以帮助个人在职业发展中找到最适合自己的道路,并在职业生涯中发挥最大潜力。性格为职业性格提供了基础,而职业性格则是在职业环境中对性格的具体表现和延伸。通过了解自己的性格和职业性格特点,个人可以更好地进行职业规划和职业发展。

(一)职业性格的识别方法

识别职业性格可以帮助个人了解自己的职业偏好和适应能力,从而更好地进行职业规划和选择。

1. 及时反馈与自我反思

在上学期间,可以与同学、辅导员及时交流,工作后应与同事和上级进行定期交流,寻求他人对自己的评价。

鼓励他人随时给自己反馈。这些反馈可以帮助自己了解自己在团队中的角色、工作中的强项和需要改进的地方,从而识别出自己的职业性格特质。

定期进行自我反思,记录自己在工作中的表现、情绪和感受。每天记录自己在工作中的主要任务、遇到的问题和情绪变化。每个月对自己的工作进行总结,回顾取得的成就和需要改进的地方。每天或每周抽出固定时间进行深度反思,思考自己的职业目标和职业性格。通过自我反思,我们可以更清楚地了解自己在不同情境中的表现和感受,从而识别出自己的职业性格特征。

2. 寻求专业职业咨询与辅导

我们可以寻求职业咨询师的帮助,通过专业的职业性格评估和指导,了解自己的职业性格。可以选择经验丰富的职业咨询师,预约一对一的咨询。同时,在咨询师的指导下,进行详细的职业性格测试和评估。可以与咨询师进行深度交谈,讨论自己的职业目标、兴趣和工作经历。根据评估结果,咨询师会提供个性化的职业规划建议和发展路径。

职业咨询师可以根据性格评估结果,提供专业的职业规划建议,帮助我们更好地了解自己的职业性格。

我们还可以参加职业辅导课程,通过系统学习和实践,深入了解自己的职业性格。先要选择适合自己的职业辅导课程,可以是线下课程也可以是线上课程。积极参与课程的学习,完成课程中设计的各种职业性格评估任务。与课程中的导师和其他学员互动,分享自己的职业经历和性格特点。

在课程结束后,进行反思总结,整理出自己的职业性格特点和发展方向。职业辅导课程可以帮助我们全面了解自己的职业性格,并提供具体的职业发展建议。

3. 社会实践与实习兼职

大学生可以通过实习和兼职工作,体验不同类型的工作环境和工作内容。首先,根据自己的兴趣和职业目标,选择合适的实习或兼职机会。在实习或兼职期间,应积极参与工作任务,尽量体验各种不同的工作角色。同时,记录自己的工作经历和感受,特别是自己在不同任务中的表现和情绪。在实习或兼职结束后,进行总结反思,识别出自己的职业性格特征。实际工作经历可以帮助我们了解自己在不同职业中的表现和适应能力,从而让我们识别出自己的职业性格。

大学生可以参加志愿者工作,尤其是那些与自己感兴趣的职业相关的志愿者活动。可以根据自己的兴趣和时间安排,选择适合的志愿者活动。在志愿者工作中,尽量参与各种任务和活动,积累实际经验。观察自己在志愿者工作中的表现,记录下自己的感受和反应。在志愿者工作结束后,进行反思总结,识别出自己的职业性格特征。志愿者工作不仅可以积累经验,还可以帮助我们发现自己在特定职业领域的兴趣和特长。

全面地识别和了解自己的职业性格,不仅有助于在职业选择和职业规划中作出明智的决策,还能帮助大学生在职业生涯中发挥自己的最大潜力。

(二)进行职业选择

选择与自己的职业性格高度匹配的职业,可以使人在工作中表现出色,感到满意和充实。反之,如果职业与职业性格不匹配,可能会导致工作中的不适应,甚至影响个人的职业发展。

职业性格与职业的匹配度高,个人在工作中会感到更满意,工作也更有动力。例如,外向性强的人在需要频繁社交和沟通的工作中会感到更愉快和充实。

不同职业对从业者的职业性格有不同的要求。以下是一些常见职业类型及其所需的职业性格特征。

(1)管理类。管理类职业包括企业管理者、项目经理、人力资源经理、销售经理等。这类职业通常需要较强的领导能力、沟通能力和组织能力。比如:外向性,善于沟通和协调,能够有效领导团队;尽责性,高度责任感和组织能力,能够高效管理工作任务;情绪稳定性,能够在压力下保持冷静,作出明智决策。

（2）创意类。创意类职业包括艺术家、设计师、作家、广告创意总监等。这类职业通常需要高度的创造力、想象力和情感表达能力。比如：开放性，富有想象力和创造力，乐于尝试新事物；情绪敏感性，能够敏锐地感受和表达情感。

（3）科研类。科研类职业包括科学家、研究员、工程师、数据分析师等。这类职业通常需要较强的分析能力、逻辑思维和独立工作能力。比如：研究性，喜欢独立思考和研究，注重逻辑和分析；尽责性，专注和细致，能够深入研究课题。

（4）服务类。服务类职业包括医护人员、教师、社会工作者、客户服务代表等。这类职业通常需要较强的沟通能力、同理心和服务意识。比如：亲和性，乐于助人，善于与人沟通；外向性，喜欢与人互动，能够提供良好服务。

自我性格的认知与探索，与职业选择之间存在密切的联系。通过认知与探索，可以找到个人对工作的偏好、确认职业满意度以及预判在工作场所的表现。认知自我有助于选择更适合自己的职业路径，从而提高工作效率和成功率。

拓展阅读

自我认知和探索，通常基于多种因素和标准，包括专业技能、软技能、经验、教育背景和个人特质。同时，企业也会对个人特质进行评判，以下是一些企业的人力资源部在评估时常用的标准和方法。

专业技能，主要包括技术能力，是指岗位所需的专业知识和技术能力。通常，采用笔试、技能测试、实际操作或案例分析等方式进行评估。如数据公司更看重编程能力、数据分析等技能，建筑公司更看重项目管理能力等。

职业资格证书和教育背景，相关领域的学历、认证和培训经历。通过审查学历证书、专业资格证书、培训课程完成证书等进行评估。

综合技能，如沟通能力，能够有效传递信息和理解他人观点的能力。通过面试中的对话、团队讨论、角色扮演等方式进行评估。再如，问题解决能力，是指识别问题、分析问题并找到解决方案的能力，通过情景题、案例分析、面试中的行为问题等方式进行评估，考察求职者的创新思维、决策能力、逻辑推理等。

社会实践经历、工作经验等，通过简历、求职信、背景调查、推荐信等方式进行评估，考察以往岗位职责、完成的项目、取得的成果等。

企业管理人员在评估时，通常会综合考虑专业技能、综合技能、工作经验和个人特质。通过多种评估方法，如简历筛选、技能测试、面试和背景调查等，招聘者能够更全面地了解求职者的能力和潜力。

思考与练习

1. 请结合个人实际，进行自我认知和探索，对自我性格进行准确定位和分析。

2. 请结合实际需求，明确个人的职业性格。

模块

三

探索职业世界

知识目标

1. 了解职业和职业环境的相关知识。

2. 掌握职业信息。

3. 掌握了解职业环境的方法。

4. 了解当前及未来职业市场的发展趋势。

能力目标

1. 能够识别和区分不同的职业领域,理解每种职业的基本职责、工作环境、所需技能及教育背景。

2. 能够通过自我评估工具和实践活动,探索个人兴趣、价值观、能力和性格特质,将其与潜在职业领域相匹配,为未来的职业选择提供依据。

素质目标

1. 培养资料收集与分析能力。

2. 培养适应变化、持续学习和职业转换的能力。

3. 培养良好的职业态度、沟通技巧、团队合作精神及解决问题的能力。

学习重点

1. 职业环境的分析方法和职业信息的搜索方法。
2. 职业生涯决策方法与技能。
3. 理解职业发展趋势。

案例导入

　　一年一度的毕业季到了，大学生们纷纷投出简历，四处面试，期望找到一份理想的工作。一天，室友问小李："你毕业后想从事什么工作？"小李回答："工作无非就是挣钱而已，我要找一个待遇好的工作。"她确实也是这么做的，只要看到待遇高的招聘信息，都会投出简历。

　　很快她就陆陆续续地收到了面试的通知，由于投出的简历很多，有时一天就需要参加3场面试。她很高兴，认为自己快找到合适的工作了，然而辛辛苦苦面试了好几天，却没有被任何一家公司录用。原来在面试过程中，她的表现让面试官们非常失望，一些行业知识她根本不知道，对于"对公司有哪些了解？""你对该岗位有什么认识？"等面试问题也都没法给出准确的回答，面试官自然不会聘用她。

案例思考

1. 案例中的小李为什么多次参加面试，却没能找到工作？
2. 如果你是小李，会作出什么样的改变？

第一节 认识职业世界

一、职业概述

（一）职业的内涵

职业,通常指个人在社会中所从事的作为主要生活来源的工作。职业是随着社会分工而出现的,并随着社会分工的稳定发展而构成人们赖以生存的不同工作方式。每个人所从事的职业,既是社会分工中的一个环节,也是个人社会生活的主要领域。

对于某一个职业,大学生可以通过 PLACE 方法进行全面的了解,这一方法可以从五个维度帮助学生深入探索职业特性。

（1）P——Position（职位描述）。学生应该首先了解该职位的基本职责、日常工作内容、所需完成的任务以及它在公司或行业中的位置。这包括研究职位的工作环境、直接上级和下属关系,以及与其他部门的合作方式等。

（2）L——Lifestyle（生活方式）。考虑该职业如何影响个人的生活质量,包括工作与生活的平衡、工作时间（是否需要加班、是否有弹性工作制）、通勤时间和方式,以及该职业通常带来的经济收入和社会地位。此外,还应考虑职业与个人兴趣、家庭生活和长期目标的适应性。

（3）A——Advancement（晋升路径）。探索该职业的发展前景和晋升机会。了解从入门级职位到高级职位的典型晋升路径,所需的技能提升、教育培训,以及行业内的平均晋升速度。同时,关注行业发展趋势,判断职业的稳定性与未来需求。

(4) C——Compensation(薪酬福利)。研究该职业的薪酬范围,包括基本工资、奖金、股票期权、退休金计划以及其他福利(如健康保险、带薪休假等)。对比不同地区、公司规模和工作经验对薪酬的影响,以便作出更实际的职业规划。

(5) E——Education & Experience(教育背景与经验要求)。了解从事该职业所需的最低教育水平,比如学士学位、硕士学位或特定的职业证书。同时,研究实际工作中看重的经验类型,如实习、项目经历或特定行业的工作经验。此外,探索是否有特定的技能培训或认证可以提升就业竞争力。

通过 PLACE 方法的系统分析,大学生可以更加全面地评估一个职业是否符合自己的兴趣、价值观、能力和生涯规划,从而作出更加明智的职业选择。

(二)认识职业的意义

一切与职业相关的内容都与人们的切身利益紧密相连,个人价值的体现往往围绕着职业的发展而展开。深入理解职业的意义,对于大学生而言,不仅可以引导他们更好地规划和管理自己的职业生涯,还能够激发他们的潜力和动力,有助于他们实现更广阔的人生目标。

美国著名心理学家马斯洛提出的需求层次理论,将人的需求从低到高划分为五个层次:生理需求、安全需求、社会需求、尊重需求和自我实现需求。这些需求在不同程度上驱动着人们的行为和选择。而职业作为满足个人需求的媒介,扮演着至关重要的角色。

首先,职业通过提供报酬和福利,满足人们的生理需求和安全需求。人们通过工作获得收入,从而能够购买食物、衣物、住房等生活必需品,确保基本生活的稳定和舒适。同时,稳定的职业也能带来心理上的安全感,让人们更加自信地面对生活中的挑战。

其次,职业是人们建立社会关系、实现社会需求的重要途径。在工作中,人们需要与同事、客户、上级等各种人建立联系和交流,这种社会互动不仅有助于满足人们的社交需求,还能够促进个人成长和职业发展。

最后,职业是实现个人价值和自我的关键。通过职业,人们能够发挥自己的才能和潜力,取得成就和认可,从而实现尊重需求和自我实现需求。当个人在职业中取得成就时,他们会感到满足和自豪,这种成就感能够激发他们继续努力、不断进步的动力。

职业的发展不仅关系到个人的成长和幸福,也与社会的进步和发展密切相关。通过职业创新和实践,人们能够为社会带来新技术、新产品和新服务,推动社会不断向前发展。同时,职业也能够培养人们的责任感和使命感,使他们成为推动社会进步的重要力量。

总之,职业在满足个体生存需要的同时,也对个体潜在能力的发挥、人生价值的实现,以及社会进步等起到重大的作用。

(三)职业的特征

职业作为个人在社会中从事的主要工作,具有一系列鲜明的特征,这些特征不仅体现了职业的本质属性,也影响着个人的职业发展和职业规划。以下是职业的几个主要特征。

1. 社会性

职业是人类社会分工的产物,具有显著的社会性。每个人所从事的职业都是社会分工体系中的一个组成部分,与其他职业相互依存、相互影响。

职业活动通常在社会环境中进行,受到社会制度、文化传统、法律法规等多种社会因素的影响。

2. 规范性

职业活动通常受到一定的规范和标准的约束,以确保职业活动的质量和效率,这些规范包括行业标准、职业道德、法律法规等。

规范性有助于维护职业秩序,保障从业人员的权益,提高职业声誉和社会地位。

3. 专门性

职业具有专门的知识和技能要求,需要从业人员具备相应的专业素养和技能水平。这些知识和技能是通过教育培训和实践获得的。

专门性使职业活动具有专业性和权威性,有助于提高工作效率和质量,推动行业发展。

4. 稳定性

职业在一定时期内具有相对的稳定性,即职业的名称、职责、任务等相对稳定,不会频繁变动。

稳定性有助于从业人员形成稳定的职业预期和职业规划,为职业发展提供有利条件。

5. 群体性

职业活动通常是由一群人共同完成的,这些人组成了一个职业群体或职业阶层。职业群体内部具有共同的利益、价值和行为规范。

群体性有助于加强职业内部的凝聚力和认同感,促进职业的发展和进步。

6. 功利性

职业具有明显的功利性,即职业活动能够产生经济效益和社会效益,满足个人和社会的需求。

功利性是职业活动的基本动力之一,也是评价职业价值的重要标准之一。

7. 多样性

职业的种类繁多,涵盖了社会生活的各个领域。不同的职业具有不同的特点、要求和发展前景。

多样性为人们提供了广阔的职业选择空间,也要求人们根据自身的兴趣、能力和社会需求选择合适的职业。

二、职业的发展趋势

随着科技、经济和社会的不断进步,职业领域正经历着前所未有的变革,主要表现在技术驱动革新、跨界融合增长、个性化职业选择、全球化竞争挑战、终身学习需求、远程工作模式、绿色环保导向以及人工智能影响等方面。

(一)技术驱动革新

技术革新推动职业变革。人工智能、大数据、云计算、区块链等新兴技术的不断发展,正深刻改变着各行各业的生产方式和业务模式,进而引发职业变革。

新兴职业不断涌现。技术革新会催生众多新兴职业,如数据科学家、人工智能工程师、区块链开发人员等,这些职业需要具备较高的技术水平和创新能力。

(二)跨界融合增长

跨界合作成为趋势。随着产业链和供应链的整合,不同行业之间的跨界合作日益增多,打破了传统行业的界限,为职业发展提供了更广阔的空间。

复合型人才需求增加。跨界融合增长使得复合型人才成为市场的稀缺资源，具备跨行业知识和技能的人才将在职业竞争中占据优势。

（三）个性化职业选择

职业发展个性化。随着社会的发展，人们越来越注重个人兴趣和价值观在职业发展中的作用，个性化职业选择成为趋势。

自由职业和灵活就业兴起。个性化职业选择推动了自由职业和灵活就业的兴起，人们可以更加自由地选择工作方式和生活方式。

（四）全球化竞争挑战

全球化竞争日益激烈。随着全球化进程的加速，各国之间的经济联系日益紧密，竞争也日益激烈。

国际视野成为必备素质。全球化竞争要求从业人员具备国际化的视野和跨文化交流能力，这将成为从业人员的重要素质。

（五）终身学习需求

知识更新速度加快。随着科技和社会的快速发展，知识更新速度加快，要求从业人员不断学习新知识、掌握新技能。

终身学习成为常态。终身学习将成为未来职业发展的常态，人们需要不断适应职业变革、提升自身能力。

（六）远程工作模式

远程工作成为新趋势。随着通信技术和互联网的发展，远程工作模式越来越受欢迎，成为新的工作趋势。

灵活性和效率提升。远程工作模式提高了工作的灵活性,有利于平衡工作和生活的关系,提高工作效率和生活质量。

(七)绿色环保导向

绿色经济发展。随着环境问题的日益严重,绿色经济成为未来发展的重要方向,与绿色经济相关的行业也将迎来发展机遇。

环保和责任意识提升。绿色环保导向要求从业人员具备环保和责任意识,积极参与环保行动,为可持续发展作出贡献。

(八)人工智能影响

人工智能对职业的影响。人工智能的发展将对很多传统职业产生深远影响,包括替代部分人工、优化工作流程、提高工作效率等。

人工智能与职业融合。人工智能在对职业产生影响的同时,也将与职业融合,为从业人员提供新的工作机会和工具,帮助他们更好地应对职业变革。

职业的发展趋势呈现出多元化、个性化、国际化、终身化、远程化、绿色化和智能化的特点。为了应对这些挑战和机遇,从业人员需要不断提升自身能力和素质,适应职业变革和发展需求。同时,政府和企业也需要加强合作,为职业发展和人才培养提供有力支持。

三、职业选择与专业学习

在现代社会,职业选择与专业学习紧密相关,对个人的职业生涯发展具有深远影响。

（一）职业选择的基础

1. 职业选择的重要性

职业选择在个人生活中扮演着至关重要的角色，它不仅影响个人的职业发展路径，还深刻地影响着个人的生活质量、自我实现以及社会地位。

（1）选择一个与个人兴趣相符的职业，可以让工作变成一种享受而非负担，从而提高工作满意度和幸福感。

（2）合适的职业能让人充分发挥自己的技能，促进个人成长和发展，实现自我价值。

（3）职业选择直接影响收入水平，合理的规划有助于实现经济独立和财务安全，为个人及家庭提供物质保障。

（4）不同职业的工作强度和工作时间有所不同，选择适合自身生活方式的职业有助于保持工作与生活平衡。

（5）每个人的职业选择都是社会资源分配的一部分，通过选择能够为社会带来正面影响的职业，个人可以为社会进步作出贡献。

（6）明智的职业选择有助于建立清晰的职业路径，为个人提供稳定的发展方向和晋升机会。

2. 职业选择的原则

职业选择的原则是指导个人在众多职业中作出合理决定的一系列标准和考量因素。这些原则旨在帮助个人找到既契合个人兴趣和能力，又能适应社会需求和发展趋势的职业。职业选择原则主要包括以下几个方面。

（1）喜好原则。选择你热爱的工作，因为兴趣是最好的老师，能够激发你的热情和动力，使你在面对挑战时更有韧性和毅力。

（2）擅长原则。选择你擅长的职业领域，这样你可以在职场上更自信，更容易取得成功和认可,同时也能在竞争中脱颖而出。

（3）价值原则。选择那些你觉得有意义和价值的工作,这会让你在职业生涯中获得更多的满足感和幸福感。

（4）发展原则。选择有发展潜力的职业,考虑行业趋势和未来市场需求,这将为你的职业道路提供更多的成长机会和空间。

（5）社会需要原则。在选择职业时,考虑社会的需求和贡献,选择能够为社会带来积极影响的职业,这样的工作往往更具有稳定性和社会认可度。

（6）个人素质优势原则。识别并利用自己的个人优势和特长,如性格特质、技能和经验,选择能最大化发挥这些优势的职业。

（7）职业规划原则。制订明确的职业规划,包括短期目标和长期愿景,这有助于你有条不紊地发展职业生涯,避免盲目跳槽和浪费时间。

（8）全面认识原则。对自己进行全面认识和评估,包括兴趣、能力、性格和价值观,这有助于你更准确地定位适合自己的职业。

（9）做熟不做生原则。选择与你现有技能和人脉相关的领域,避免涉足完全陌生的行业,除非你有充分的准备和转型计划。

（10）做长不做短原则。发挥自己的长处,避免在弱点上花费过多精力,选择能让你在工作中游刃有余的领域。

（11）量变到质变原则。在职业发展早期,重视量的积累,建立客户基础和行业经验,为后续质的飞跃打下坚实的基础。

这些原则相互交织,共同构成了一个全面的职业选择框架,帮助个人在复杂多变的职业环境中作出最佳决策。

3.职业选择的流程

职业选择是一个复杂而关键的决策过程,它关系到个人未来的职业发展、生活质量和人生价值。下面将详细介绍职业选择的七个主要流程,包括自我评估、行业研究、岗位探索、信息搜集、制订计划、实践体验、决策与行动。

（1）自我评估。自我评估是职业选择的第一步，它有助于个体了解自己的兴趣、能力、价值观和目标。通过自我评估，个体可以确定自己喜欢什么、擅长什么、重视什么，以及自己想要实现什么样的职业目标。自我评估的方法包括问卷调查、自我反思、职业测评等。

（2）行业研究。在了解了自己的兴趣和能力后，个体需要对目标行业进行深入研究。这包括了解行业的发展趋势、就业前景、行业特点、行业文化等。行业研究有助于个体了解目标行业的市场需求、竞争态势和未来发展方向，从而为自己的职业选择提供参考。

（3）岗位探索。在确定了目标行业后，个体需要进一步探索具体的职业岗位。这包括了解不同岗位的工作内容、职责要求、薪资待遇、晋升机会等。岗位探索有助于个体了解目标岗位的详细信息，从而判断自己是否适合从事该职业。个体可以通过查阅招聘网站、企业官网、行业报告等途径来获取相关信息。

（4）信息搜集。在职业选择过程中，信息搜集是一个重要的环节。通过互联网，个体可以获取大量的职业信息、行业报告、岗位分析等资料，为自己的职业选择提供参考。同时，个体还可以通过社交媒体、论坛等途径与同行或专业人士进行交流，获取更多的职业建议和经验分享。

（5）制订计划。在了解了目标行业和岗位后，个体需要制订一份详细的职业规划。职业规划包括短期目标和长期目标，以及实现这些目标的具体步骤和时间安排。制订计划有助于个体明确自己的职业发展方向和路径，从而更有针对性地进行职业准备。

（6）实践体验。实践体验是职业选择过程中的重要环节。通过实践体验，个体可以更加深入地了解目标行业和岗位的实际工作情况。实践体验包括实习、兼职、志愿服务等形式。这些活动有助于个体积累工作经验、提升职业技能和了解职业文化，从而更加全面地评估自己的职业选择。

（7）决策与行动。在完成了自我评估、行业研究、岗位探索、信息搜集、制订计划和实践体验等步骤后，个体需要作出最终的职业决策。在决策过程中，个体需要综合考虑各种因素，如个人兴趣、能力、市场需求、薪资待遇等。同时，个体还需要制订具体的行动计划，包括如何提升职业技能、如何拓展人际关系、如何寻找工作机会等。决策与行动是职业选择过程中的关键环节，它将决定个体未来的职业发展方向和人生道路。

（二）行业趋势分析

在职业选择过程中，对行业趋势的深入分析是至关重要的一环。了解行业趋势有助于我们预测未来的职业发展方向，从而作出更明智的职业决策。以下将详细介绍在职业选择中如何做行业趋势分析，包括调查研究、技术趋势分析、消费趋势洞察、法律政策影响、市场竞争分析以及变化原因与结果分析等方面。

1. 调查研究

（1）文献研究。查阅行业报告、学术论文、市场研究数据等，了解行业的发展历史、现状和未来趋势。

（2）专家访谈。与行业内的专家、从业者进行面对面或线上访谈，获取他们的观点和经验，以及行业内的最新动态。

（3）实地考察。参观行业内的企业、工厂、展览等，观察实际运作情况，了解行业现状和发展趋势。

2. 技术趋势分析

（1）关注新技术发展。关注与行业相关的新技术发展动态，了解这些新技术对行业可能带来的影响和变化。

（2）评估技术成熟度。分析新技术的成熟度、应用范围和潜在风险，预测其未来发展趋势。

（3）了解技术趋势对行业的影响。探讨新技术如何改变行业格局、优化生产流程、提高效率和质量等，进而如何影响职业发展机会和岗位需求。

3. 消费趋势洞察

（1）研究消费者行为。了解消费者的需求、偏好和行为习惯，以及这些因素如何影响行业发展。

（2）预测消费需求。通过市场调查和数据分析，预测未来消费者的需求和消费趋势，从而判断行业未来的发展方向。

（3）了解消费趋势对职业的影响。分析消费趋势如何影响行业内的职业需求和岗位变化，为职业选择提供参考。

4. 法律政策影响

（1）了解相关法律法规。掌握与行业相关的法律法规和政策动态，了解其对行业发展和职业选择的影响。

（2）分析政策导向。分析政策导向和趋势，预测未来政策对行业可能带来的影响。

（3）了解具体需要遵守哪些法律法规和政策要求，确保职业发展符合法律和政策导向。

5. 市场竞争分析

（1）了解竞争对手。了解行业内的主要竞争对手和市场份额，以及他们的战略、产品和服务等。

（2）分析竞争优势。评估自己的竞争优势和劣势，与竞争对手进行比较，制订针对性的职业发展策略。

（3）应对市场竞争。关注市场动态和竞争变化，及时调整职业发展策略，以适应市场竞争的需要。

6. 变化原因与结果分析

（1）分析变化原因。深入探究行业变化的原因，如技术进步、政策调整、市场需求变化等，以更好地理解行业发展趋势。

（2）预测变化结果。基于变化原因的分析，预测行业未来的发展趋势和可能的结果，为职业选择提供指导。

（3）应对变化挑战。面对行业变化带来的挑战和机遇，制订适应性的职业发展策略，积极应对变化带来的风险和挑战。

通过以上六个方面的分析，我们可以更全面地了解行业趋势，为职业选择提供有力的支持。在职业选择过程中，我们还需要结合个人兴趣、能力和职业规划等因素，综合考虑各种因素，作出明智的职业决策。

（三）专业与职业对应

在职业选择的过程中，了解不同专业与职业的对应关系至关重要。这不仅有助于我们根据个人兴趣和职业规划选择合适的专业，还能为未来的职业发展提供明确的方向。

1. 明确专业方向

明确自己的专业方向是让专业与职业对应的第一步。在选择专业时，应根据自己的兴趣、优势和未来职业规划进行综合考虑。通过对不同专业的了解和分析，选择与自己职业目标相符的专业方向，为未来的职业发展奠定坚实基础。

2. 职业规划定位

在明确专业方向后，应进行职业规划定位。根据个人兴趣、专业知识和技能,分析目标职业的要求和市场需求,确定自己的职业目标和发展方向。职业规划定位有助于个人在职业道路上更有针对性地发展。

3.技能匹配分析

技能匹配分析是确保专业与职业对应的关键环节。分析目标职业所需的技能和知识,与自己所学的专业知识和技能进行对比和匹配,找出差距和不足。针对差距和不足,制订有针对性的学习和提升计划,提高自己的职业竞争力。

4.实践经验积累

实践经验是确保专业与职业对应的重要基础。通过参加实习、兼职、项目实践等活动,积累实践经验,增强自己的实际操作能力和职业素养。实践有助于个人更好地了解目标职业的实际需求,为未来的职业发展打下坚实基础。

5.持续学习提升

持续学习提升是确保专业与职业对应的重要保障。随着社会和科技的不断发展,职业要求和市场需求也在不断变化。因此,个人需要不断学习新知识、掌握新技能,以适应职业发展的需求。同时,关注行业动态和市场趋势,及时调整自己的职业规划和发展方向。

6.职业转型准备

在职业发展过程中,可能会遇到职业转型的情况。因此,个人需要作好职业转型的准备。首先,要了解目标职业的要求和市场需求,分析自己的优势和不足,确定自己的职业转型方向。其次,制订职业转型计划,包括学习新技能、积累实践经验、建立职业网络等方面。最后,保持积极的心态和行动,为实现职业转型目标而努力。

做好专业与职业对应需要从多个方面入手。通过明确专业方向、职业规划定位、技能匹配分析、实践经验积累、持续学习提升以及职业转型准备等措施,个人可以更加顺利地实现专业与职业的对应,为未来的职业发展奠定坚实基础。

第二节　分析职业环境

一、分析职业环境的重要性

职业环境是指员工在工作中所处的物理环境、组织氛围、企业文化、人际关系以及行业发展态势的总和。良好的职业环境不仅能让员工感到舒适和满足,更能促进员工的成长和发展,进而对企业产生深远影响。职业环境是一个多维度、复杂且不断变化的体系,它包括工作场所的物理条件、组织的文化氛围、行业发展趋势、员工之间的关系等多个方面。健康、积极、有利的职业环境对于员工个人、组织乃至整个行业都具有深远的意义。

对于即将步入社会的大学生而言,选择合适的职业环境至关重要。这不仅关乎他们能否顺利就业,更影响着他们未来的职业发展和生活质量。

二、社会环境

在探讨职业选择与发展时,深入分析所处的社会环境是至关重要的一环。社会环境作为一个复杂且多变的系统,对职业环境产生着深远的影响。以下将从经济状况概述、社会文化影响、政策法规动向、技术革新趋势,以及人口结构变化等方面,对影响职业环境的社会环境进行详细分析。

(一)经济状况概述

经济状况是影响职业环境的重要因素之一。当经济繁荣时,就业机会增多,薪资水平上升,人们更容易找到满意的工作。然而,在经济衰退期,企业可能面临经营困难,甚至裁员减支,从而影响就业市场和职业发展。因此,大学生在进行职业规划时应关注国内外经济趋势,选择有前景的行业和职业。

(二)社会文化影响

社会文化对职业环境有着潜移默化的影响。不同地域、不同文化背景下的人们对职业的认知和期望存在差异。例如,在一些地区,公务员、教师等职业备受推崇,而在另一些地区,创业、自由职业等则更受欢迎。此外,社会文化的变迁也会导致职业需求的变化。因此,大学生在进行职业规划时应考虑社会文化因素,选择符合自己价值观和发展需求的职业。

(三)政策法规动向

政策法规对职业环境具有直接的导向作用。政府可通过推行相关政策法规,调整产业结构、促进就业、保护劳动者权益等。例如,国家鼓励发展新兴产业、支持创业创新等政策,为相关行业的职业发展提供了有力支持。因此,大学生在进行职业规划时应关注政策法规动向,了解政策对职业发展的影响,以便作出更明智的职业选择。

(四)技术革新趋势

技术革新是推动职业环境变革的重要力量。随着科技的不断发展,新技术、新应用不断涌现,对职业需求、工作内容和方式产生了深远影响。例如,人工智能、大数据等技术的应用,使得一些传统岗位逐渐消失,同时也催生出新的职业岗位。因此,大学生在进行职业规划时应关注技术革新趋势,不断提升自己的技能水平和创新能力,以适应职业环境的变化。

(五)人口结构变化

人口结构变化对职业环境产生着深远的影响。随着人口老龄化、城镇化等趋势的加剧,劳动力市场的供求关系、职业需求等方面都发生了显著变化。例如,随着老年人口的增加,养老、医疗等行业的职业需求将不断增长;而随着城镇化进程的加速,城市基础设施建设、服务业等领域的职业机会也将不断增多。因此,大学生在进行职业规划时应关注人口结构变化,选择符合市场需求的职业。

三、行业环境

对于即将步入职场的大学生而言,了解和分析所选择职业的行业环境至关重要。行业环境不仅影响着职业发展的潜力和方向,还直接关联着个人的就业质量和长期职业规划。可以从行业发展趋势、市场需求分析、人才供需关系、政策法规影响、技术革新动态、行业薪酬待遇以及工作环境等方面,对行业环境进行深入分析。

(一)行业发展趋势

行业的发展趋势决定了未来职业发展的空间和潜力。大学生在就业前,应关注所选行业的整体发展趋势,包括行业的增长速度、市场规模、产业链结构等方面。通过对行业发展趋势的分析,可以了解行业的未来发展动向,为职业规划提供参考。

(二)市场需求分析

市场需求分析是了解行业内部职业需求的关键环节。大学生应了解所选行业内部的职业分布、岗位需求、竞争状况等信息,以便更好地把握市场需求,为求职和职业发展作好准备。同时,市场需求分析还有助于大学生了解行业内部的薪酬水平、福利待遇等情况,为未来的职业选择提供参考。

(三)人才供需关系

人才供需关系是影响大学生就业的重要因素之一。在行业环境分析中,大学生应关注所选行业的人才供需状况,了解行业内部的人才缺口和人才过剩情况。通过对人才供需关系的分析,大学生可以更好地了解自身在就业市场中的定位和竞争力,为求职和职业发展制订更合理的策略。

(四)政策法规影响

政策法规对行业的发展和就业市场产生着重要的影响。大学生在就业前,应关注与所选行业相关的政策法规动向,了解政策对行业发展的支持或限制情况。通过对政策法规的分析,大学生可以更好地把握行业发展的方向,为就业和职业发展寻求政策支持。

(五)技术革新动态

技术革新是推动行业发展的重要力量。在职业环境分析中,大学生应关注所选行业的技术革新动态,了解新技术、新应用对行业发展的推动作用。通过对技术革新动态的分析,大学生可以更好地了解行业的未来发展方向,为求职和职业发展提前作好准备。

(六)行业薪酬待遇

薪酬待遇是衡量一个行业吸引力的重要指标之一。大学生在就业前,应关注所选行业的薪酬待遇情况,包括行业的平均薪资水平、薪酬结构、福利待遇等方面。通过对行业薪酬待遇的分析,大学生可以更好地了解自身在行业中的薪资水平和福利待遇情况,为求职和职业发展提供参考。

(七)行业工作环境

工作环境对个人的职业发展和生活质量有着重要影响。大学生在就业前,应关注所选行业的工作环境情况,包括行业的工作强度、工作压力、工作环境舒适度等方面。通过对行业工作环境的分析,大学生可以更好地了解自身在行业中可能面临的工作环境情况,为未来的职业发展作好准备。

四、岗位环境

在大学生选择岗位时,深入了解岗位的环境是至关重要的。岗位环境不仅决定了工作的具体内容、职责和要求,还影响着个人的职业发展、薪资待遇以及工作体验。以下将从行业概况、岗位职责、工作环境、发展机会、薪资待遇、企业文化和政策环境等方面,对岗位环境进行详细分析。

(一)行业概况

首先,了解所选行业的概况是选择岗位的基础。行业概况包括行业的发展历程、现状、市场规模、主要竞争对手以及未来发展趋势等。通过对行业概况的掌握,可以判断行业的稳定性和发展潜力,为选择具有发展前景的岗位提供参考。

(二)岗位职责

岗位职责是了解岗位工作的具体内容和相关要求的关键。大学生在选择岗位时,应详细了解岗位的职责范围、工作内容、技能要求以及工作标准等。这有助于了解自己是否能够胜任该岗位,并判断是否与个人兴趣、职业规划相符合。

(三)工作环境

工作环境是影响工作体验的重要因素之一。大学生在选择岗位时,应关注工作环境的情况,包括物理环境(如办公室设施、工作环境卫生等)、人际环境(如同事关系、上下级关系等)以及组织氛围(如企业文化、团队氛围等)。舒适、和谐的工作环境可以提高工作效率和满意度,有助于个人的职业发展。

(四)发展机会

发展机会是衡量岗位价值的重要标准之一。大学生在选择岗位时,应关注岗位的发展机会,包括晋升渠道、培训机会、参与项目等。这些发展机会有助于个人在职业道路上不断前进,实现自我价值的提升。

(五)薪资待遇

薪资待遇是选择岗位时需要考虑的重要因素之一。大学生在了解岗位的薪资待遇时,应关注岗位的薪资水平、薪酬结构、福利待遇等。通过对薪资待遇的评估,可以判断岗位的经济价值是否符合个人期望,为选择具有竞争力的岗位提供参考。

（六）企业文化

企业文化是影响个人职业发展的重要因素之一。在选择岗位时，大学生应关注企业文化的情况，包括企业的价值观、经营理念、管理风格等。积极向上、注重员工发展的企业文化有助于个人在职业道路上不断成长和进步。

（七）政策环境

政策环境是影响行业发展和岗位环境的重要因素之一。大学生在选择岗位时，应关注政策环境的情况，包括国家政策、行业政策以及地方政策等。政策环境对行业的发展趋势、市场竞争，以及岗位需求等方面有着深远影响。通过对政策环境的了解，可以判断行业的发展潜力和岗位的稳定性，为选择具有发展前景的岗位提供参考。

五、学校环境

在选择未来职业方向时，学校环境是大学生就业分析中不可忽视的一个重要方面。学校环境涵盖了教育质量、专业设置、师资力量、实践教学等多个维度，这些因素都直接或间接地影响着大学生的就业竞争力。

（一）教育质量

教育质量是衡量学校环境优劣的首要标准。高质量的教育能够为学生提供扎实的专业基础知识、丰富的实践经验和宽广的视野。同时，良好的教育质量还有助于学生形成良好的学习习惯和综合素质，提高其在就业市场上的竞争力。

（二）专业设置

学校的专业设置直接影响到大学生的就业前景。随着社会经济的发展和科技的进步,市场对人才的需求也在不断发生变化。因此,学校应根据市场需求和自身条件,合理设置专业,确保所培养的人才能够满足社会的需求。同时,学校还应关注专业的就业前景和市场需求,为学生提供有针对性的职业规划和就业指导。

（三）师资力量

师资力量是衡量学校教育质量的重要指标之一。优秀的教师团队能够为学生提供高质量的学习和科研指导,帮助学生掌握专业知识和技能,提高综合素质。同时,教师还能够为学生提供丰富的实践机会和就业指导,帮助学生更好地适应市场需求和就业环境。

（四）实践教学

实践教学是学校教育的重要组成部分,也是提高学生就业竞争力的重要途径。通过实践教学,学生可以将所学理论知识与实际应用相结合,提高实践能力和解决问题的能力。同时,实践教学还能够帮助学生了解市场需求和就业环境,为未来的职业发展作好准备。

（五）就业服务

学校的就业服务也是影响大学生就业的重要因素之一。良好的就业服务能够为学生提供全面的就业信息和指导,帮助学生了解市场需求和就业环境,提高就业竞争力。同时,学校还应与用人单位建立紧密的联系,为学生提供更多的就业机会和实习机会,帮助他们顺利就业。

六、家庭环境

在进行大学生就业分析时,家庭环境作为一个不可忽视的因素,对大学生的职业选择和职业发展产生着深远的影响。家庭环境涵盖了多个方面,如家庭的经济状况、家庭的文化传统、父母的职业和期望等,这些因素共同构成了大学生就业选择的重要背景。

(一)家庭经济状况

家庭经济状况是影响大学生职业选择的重要因素之一。家庭的经济能力往往决定了大学生在求职过程中的初始资金、教育培训资源以及应对职业转换的经济能力。例如,家庭经济状况较好的学生可能更容易选择需要较高投入成本的职业,如创业或高端服务业;而经济状况一般的学生则可能更倾向于选择成本较低或能够迅速获得回报的职业。

(二)家庭文化传统

家庭文化传统对大学生的职业选择也产生着重要的影响。家庭文化传统包括父母的教育观念、价值观念、兴趣爱好等方面。这些文化传统通过家庭成员的言传身教、行为示范等方式,影响着大学生的职业选择和职业价值观。例如,在一个重视稳定和安全的家庭环境中成长的学生,可能更倾向于选择公务员、教师等稳定性较高的职业;而在一个鼓励创新和冒险的家庭环境中成长的学生,则可能更倾向于选择创业或科研等具有挑战性的职业。

（三）父母的职业和期望

父母的职业和期望对大学生的职业选择也有着重要的影响。父母的职业往往成为子女职业选择的参照和借鉴,而父母的期望则可能直接影响子女的职业选择方向和职业决策。例如,如果父母是医生或律师等专业人士,他们可能会鼓励子女选择相关职业,并为之提供相关的教育资源和职业发展指导。同时,父母的期望也可能限制子女的职业选择范围,使他们难以追求自己真正热爱的职业。

（四）家庭关系和支持

家庭关系和支持是大学生职业发展的重要保障。和谐、温馨的家庭环境能够增强大学生的自信心和积极性,使他们在求职和职业发展过程中更加勇敢和坚定。同时,家庭的支持也是大学生实现职业目标的重要保障。家庭可以提供情感上的支持、物质上的帮助以及职业规划和求职指导等方面的支持,帮助大学生更好地应对职业选择和发展中的挑战。

七、了解国家针对大学生就业的方针和政策

（一）目前我国就业市场的形势

1.总体就业形势

（1）就业增长与经济增长的关联度高。我国经济持续增长为就业市场提供了有力支撑。2024 年一季度,我国国内生产总值（GDP）同比增长 5.3%,比 2023 年四季度环比增长 1.6%,显示出国民经济延续回升向好态势。

（2）就业规模持续扩大。尽管存在结构性就业问题,但在经济平稳回升的前提下,无论是就业总量还是就业质量都有明确的向好前景。据国家统计局数据,过去一年,全国城镇调查失业率逐步下降,新增就业继续增加。

2. 行业与区域就业特点

（1）服务业成为吸纳就业的主要力量。随着产业结构升级,服务业在GDP中的占比不断提高,成为带动吸纳就业的主要力量之一。尤其是餐饮、交通、批发零售等行业的就业带动作用明显。

（2）区域差异明显。经济发达地区和重点城市群吸引了大量毕业生,而一些欠发达地区和传统行业的就业形势相对严峻。新一线城市和二线及以下城市对应届本科生的吸引力显著增强。

3. 就业市场中的薪资与人才需求

（1）薪资水平因行业和岗位而异。高技术人才和热门岗位的薪资水平较高,如人工智能、芯片等领域的高级工程师。然而,整体薪资涨幅有所放缓。

（2）紧缺岗位薪资涨幅较高。尽管整体薪资涨幅放缓,但热门紧缺岗位的薪资涨幅仍保持在较高水平。

4. 面临的挑战与问题

（1）青年失业率较高。青年群体在就业市场上面临较大的竞争压力,青年失业率仍然处于较高水平。

（2）学历与就业的不匹配。尽管高学历毕业生人数不断增加,但市场对专业技能和实际工作能力的需求日益增加,导致部分高学历毕业生难以找到合适的工作。

5. 新就业形态的发展

随着经济的发展和技术的进步,新就业形态如零工经济、共享经济等逐渐兴起,为求职者提供了更多的就业选择和机会。同时,政府也加强了对灵活就业、新就业形态的支持,以保障劳动者的权益。

(二)国家针对大学生就业的方针与政策

随着高等教育的普及和毕业生人数的增加,大学生就业问题日益受到社会的广泛关注。为了有效解决大学生就业问题,国家制定并实施了一系列方针与政策,涵盖了优先就业战略、创业支持、基层就业、职业培训、招聘服务、困难帮扶、社会保障以及政策宣传等方面。下文将详细介绍这些方针与政策,以期为大学生就业提供指导和支持。

1. 优先就业战略

国家高度重视大学生就业问题,将其纳入国民经济和社会发展规划,制定并实施优先就业战略。该战略强调优先解决高校毕业生就业问题,通过优化就业政策、加大就业投入、加强就业服务等方式,为大学生提供更多的就业机会和更好的就业环境。

2. 创业支持

国家鼓励和支持大学生自主创业,为创业者提供资金、场地、技术等方面的支持。通过实施创业培训计划、建设创业孵化基地、提供创业贷款等措施,帮助大学生提高创业成功率,激发社会创新创业活力。

3. 基层就业

为了引导大学生到基层、农村、民族地区等就业,国家制定了一系列基层就业政策。这些政策包括提高基层就业待遇、扩大基层就业规模、加强基层就业服务等,旨在鼓励大学生将所学知识应用到基层建设中,为当地经济社会发展作出贡献。

4. 职业培训

为了提升大学生的就业能力和竞争力,国家加强了职业培训工作。通过实施职业技能培训、实践技能培训、创业培训等多元化培训方式,帮助大学生提高专业技能和综合素质,增强就业市场的适应性。

5. 招聘服务

为了加强用人单位与高校毕业生的联系,国家提供了多种招聘服务,包括举办校园招聘会、建立就业信息网络平台、提供求职咨询和推荐等,为用人单位和高校毕业生提供便捷、高效的招聘和求职渠道。

6. 困难帮扶

针对家庭经济困难者、残疾人等就业困难群体,国家制定了一系列帮扶政策。这些政策包括提供就业援助金、实施就业帮扶计划、加强就业指导和心理咨询等,旨在帮助这些群体顺利实现就业,减轻其经济负担和心理压力。

7. 社会保障

为了保障大学生的基本生活权益,国家建立了完善的社会保障体系,包括实施失业保险、医疗保险、养老保险等社会保险制度,为大学生提供必要的生活保障。同时,对于因特殊原因无法就业的毕业生,国家还提供了临时救助等措施,确保其基本生活需求得到满足。

8. 政策宣传

为了让更多的大学生了解国家针对就业制定的方针政策,国家加强了政策宣传工作。通过发布政策文件、举办政策宣讲会、利用媒体平台等方式,广泛宣传就业政策的内容和目的,提高大学生的政策知晓率和认同感。

第三节 探索职业世界的方法

一、用职业分类法探索职业世界

职业分类是将不同职业按照一定的标准和特征进行分类和归类的过程。它可以帮助个人更好地了解不同职业领域的特点和要求,为个人的职业规划提供参考依据。职业分类还有助于政府和教育机构调整教育资源和培训计划,以满足不同职业领域的需求。

(一)常见的职业分类

1.技术/工程类

技术/工程类职业涉及多个领域,从传统的制造业到前沿的信息技术产业,都需要大量的技术人才。这些职业通常要求具备深厚的专业知识、精湛的技术能力以及解决问题的能力。常见的职业包括软件工程师、网络管理员、电气工程师、机械工程师、土木工程师等。这些职业不仅注重理论知识,更强调实践操作和团队协作。

2.商业/管理类

商业/管理类职业是企业运营不可或缺的一部分,涉及市场营销、人力资源管理、财务管理、项目管理等多个方面。这类职业的从业者需要具备出色的分析能力、决策能力以及组织协调能力。常见的职位有销售经理、市场部经理、人力资源经理、财务总监、项目经理等。商业/管理类职业强调战略眼光和人际交往能力,对于推动企业发展和提升竞争力起着至关重要的作用。

3. 医学/健康类

医学/健康类职业直接关系着人们的生命健康,是社会中不可或缺的一部分。这些职业包括医生、护士、药剂师、营养师、心理咨询师等。医学/健康类职业要求从业者具备扎实的专业知识、良好的职业素养,以及高尚的医德医风。同时,这些职业还需要从业者具备强大的抗压能力和沟通能力,以应对各种复杂的医疗环境和患者需求。

4. 金融/经济类

金融/经济类职业涉及资金的筹集、分配和运用,是现代社会经济发展的重要支撑。这些职业包括银行家、证券分析师、保险经纪人、经济师等。金融/经济类职业需要从业者具备敏锐的市场洞察力、扎实的经济理论基础、良好的风险控制能力。此外,这些职业还要求从业者具备良好的沟通能力和团队协作能力,以适应快速变化的金融市场环境。

5. 教育/培训类

教育/培训类职业是培养人才、传承知识的重要领域。这些职业包括教师、培训师、教育咨询师等。教育/培训类职业需要从业者具备丰富的学科知识、优秀的教学能力和良好的师德师风。同时,这些职业还要求从业者具备创新精神和终身学习的态度,以适应不断变化的教育环境和学生需求。

6. 艺术/设计类

艺术/设计类职业涉及视觉艺术、表演艺术、工业设计等多个领域。这些职业需要从业者具备独特的审美眼光、丰富的创意能力和精湛的艺术技巧。常见的职业有平面设计师、室内设计师、动画师、演员、音乐家等。艺术/设计类职业强调个性化和创新性,对于推动文化发展和满足人们的精神需求具有重要意义。

7. 服务/旅游类

服务/旅游类职业是服务业的重要组成部分,包括酒店管理、旅游规划、餐饮服务等多个方面。这些职业需要从业者具备良好的服务意识、沟通能力和团队协作能力。常见的职位有酒店经理、导游、餐饮服务员等。服务/旅游类职业对于提升人们的生活品质和推动旅游业的发展具有重要作用。同时,这些职业也要求从业者具备高度的责任心和敬业精神,以确保服务质量和客户满意度。

为了更好地认识和理解职业,进而为个人的职业发展和社会的职业规划提供指导,相关部门组织编写了《中华人民共和国职业分类大典》(以下简称《大典》),对职业进行了系统而详尽的分类。《大典》的编纂始于1995年,于1999年5月正式颁布,是我国当前最权威、最全面的职业名称与职业分类的工具书。其制订背景主要是为了更好地适应我国经济社会发展和产业结构调整的需要,满足劳动力市场的需求变化,促进人力资源的合理配置和有效利用。同时,通过职业分类,还可以为职业教育、职业培训、职业资格考试等提供科学的依据,推动职业教育和职业培训的发展,提高劳动者的职业素质和技能水平。

根据《大典》的规定,我国职业分为八个大类:

第一大类:国家机关、党群组织、企业、事业单位负责人

这类职业主要包括在国家机关、党群组织、企业、事业单位中担任领

导职务的人员,如公务员、企业高管、事业单位负责人等。他们负责决策和管理等工作,对于组织的运行和发展具有重要影响。

第二大类:专业技术人员

这类职业主要包括从事专业技术工作的人员,如医生、教师、工程师、律师等。他们通过运用自己的专业知识和技能,为社会提供专业的服务和支持,是现代社会中不可或缺的人才。

第三大类:办事人员和有关人员

这类职业主要包括从事行政、文秘、人事、财务等工作的人员,如行政助理、秘书、会计等。他们负责组织的日常管理和运营工作,为组织的正常运转提供了重要保障。

第四大类:商业、服务业人员

这类职业主要包括从事商业、服务业工作的人员,如销售员、服务员、导游等。他们通过为客户提供各种服务和产品,满足客户的需求和期望,为社会的经济发展作出了重要贡献。

第五大类:农、林、牧、渔、水利业生产人员

这类职业主要包括从事农业、林业、畜牧业、渔业和水利业等生产活动的人员,如农民、渔民、畜牧员等。他们通过生产农产品和提供农产品加工服务,为社会提供了丰富的物质基础。

第六大类:生产、运输设备操作人员及有关人员

这类职业主要包括从事生产、运输设备操作和相关工作的人员,如工人、司机、船员等。他们通过操作各种设备和工具,完成生产任务和产品加工等工作,为现代工业的发展提供了有力支持。

第七大类：军人

这类职业主要指在军队中服役的军人和武警官兵。他们负责保卫国家安全、维护社会稳定和执行军事任务等工作，是国家安全的重要保障力量。

第八大类：不便分类的其他从业人员

这类职业主要指无法归入上述七大类的其他从业人员，如自由职业者、家庭主妇等。他们通过自己的努力和付出，为社会的发展作出了自己的贡献。

（二）如何确定适合自己的职业分类

确定适合自己的职业分类是每个人都要面对的重要人生选择。这不仅关乎个人的职业发展和生活质量，还涉及个人潜能的发挥和人生价值的实现。大学生可从自我认知、行业研究等诸多方面，确定适合自己的职业分类。

1. 自我认知

自我认知是确定职业分类的第一步。大学生应首先了解自己的兴趣、爱好、价值观、性格特点、优势和劣势等，再通过自我反思、心理测试、职业咨询等方式，大学生可以更全面地了解自己，找到自己的核心需求和潜在优势。

2. 行业研究

了解不同行业的运作模式、发展前景、薪酬水平、工作内容等信息，对于确定适合自己的职业分类至关重要。通过阅读行业报告、分析招聘信息、参与行业交流活动等方式,可以对行业有更深入的了解,从而判断哪些行业更符合自己的兴趣和期望。

3. 职业探索

职业探索是通过实习、兼职、志愿活动等方式,亲身感受不同职业的实际工作内容和氛围。这些经历有助于自己更直观地了解职业特点,判断自己是否适合该职业。通过职业探索,大学生可以更清晰地认识到自己的职业兴趣和定位。

4. 技能评估

评估自己的技能和经验是确定职业分类的重要依据。首先需要了解自己的专业技能、通用技能以及可迁移技能等,再通过技能评估,了解自己的优势和不足,从而找到适合自己的职业方向。

5. 人脉咨询

人脉咨询是获取职业信息的重要途径。大学生可以向身边的亲朋好友、老师、前辈等咨询,了解他们的职业经验和建议。这些人脉资源可以为大学生提供宝贵的职业信息,帮助大学生更全面地了解职业分类。

6. 市场需求

市场需求是影响职业选择的重要因素。首先需要了解当前就业市场的需求和趋势,以便判断哪些职业更有就业前景和发展潜力。同时,关注国家政策和产业发展规划等宏观信息,也有助于大学生更准确地把握市场需求。

7. 职业规划

职业规划是确定职业分类的关键步骤。在了解自我、行业、职业、技能和市场需求的基础上,大学生需要制订一个明确的职业规划。职业规划应该包括短期目标和长期目标,以及实现这些目标的具体计划和措施。通过职业规划,大学生可以更有目的地进行职业选择和发展。

8. 持续学习

持续学习是适应职业发展的必然要求。在确定适合自己的职业分类后,大学生需要不断学习和提升自己的能力,以适应职业发展的需求。通过参加培训、阅读书籍、参与项目等方式,大学生可以不断更新知识和技能,提高自己的职业竞争力。

二、建立预期职业库

预期职业库是指大学生在进行职业生涯规划时需要考虑的可能的职业选择。

在职业生涯规划中,建立一个清晰明确的预期职业库是非常关键的一步。这有助于大学生聚焦目标,明确方向,并为未来的职业发展打下坚实的基础。大学生可从行业选择、职位方向、目标岗位、技能需求和职业发展五个步骤出发,建立预期职业库。

(一)行业选择

首先,大学生需要选择自己感兴趣或有发展潜力的行业。行业选择应该基于自己的兴趣、价值观、专业背景以及行业前景等多方面因素进行综合考虑。例如,如果对技术感兴趣,可以考虑选择互联网、人工智能等行业;如果对社会问题有热情,可以选择教育、医疗等行业。

（二）职位方向

在确定了行业之后,大学生需要进一步确定自己的职位方向。这包括了解行业内的不同职位类型、工作内容和职责等。可以通过招聘网站、行业报告、企业官网等途径获取相关信息。在了解不同职位后,结合自己的兴趣和能力,选择一个或多个适合自己的职位方向。

（三）目标岗位

在确定了职位方向后,大学生需要进一步细化目标岗位。这包括了解目标岗位的具体职责、要求、薪资水平等信息。可以通过查看招聘网站上的招聘信息、与从业者交流等方式获取信息。在确定了目标岗位后,可以将其纳入预期职业库中,以便后续进行针对性准备。

（四）技能需求

技能需求是预期职业库的重要组成部分。大学生需要了解目标岗位所需的技能和能力,以便进行有针对性的学习和提升。这些技能可能包括专业技能、通用技能以及软技能等。可以通过查阅招聘信息、与从业者交流、参加培训课程等方式了解目标岗位的技能需求。同时,还需要评估自己目前的技能水平,找出需要提升的领域,并制订相应的学习计划。

（五）职业发展

职业发展是预期职业库中的长远规划。大学生需要了解目标岗位的职业发展路径和晋升空间,以便为自己的职业生涯作出更合理的规划,包括了解职位晋升的条件、所需时间、薪资水平等信息。同时,还需要关注行业发展趋势和市场需求变化,以便及时调整自己的职业规划。

在建立预期职业库的过程中,需要不断地收集信息、评估自己的能力和兴趣,并调整自己的职业规划。通过这个过程,可以更清晰地了解自己的职业目标和方向,为未来的职业发展打下坚实的基础。

三、开展校内外职业实践

大学生在进行职业规划时,开展校内外职业实践是至关重要的一环。校内外职业实践不仅能帮助学生了解职业世界的实际运作,还能提升大学生的个人能力,让大学生积累宝贵经验。可通过自我评估、确定职业目标、制订实践计划等步骤来进行职业实践,以确保职业实践的针对性和实效性。

(一)职业实践的步骤

1. 自我评估

自我评估是职业规划的第一步,也是开展职业实践的基础。大学生应该深入了解自己的兴趣、优势、劣势、价值观和人生目标。通过自我评估,学生能够更清晰地认识自己,从而选择适合自己的职业方向和实践领域。

2. 确定职业目标

在自我评估的基础上,大学生需要明确自己的职业目标。职业目标应该具体、可衡量,并与个人兴趣、能力和市场需求相匹配。明确的职业目标能够指导学生在职业实践中保持方向,避免盲目和无效的努力。

3. 制订实践计划

制订详细的职业实践计划是确保实践效果的关键。计划应包括实践目标、时间安排、实践内容、预期成果等。通过制订计划,学生能够更有条理地进行职业实践,提高实践效率和质量。

(二)开展职业实践的作用

1. 发掘自己的潜能

职业实践是发掘自身潜能的重要途径。大学生应该积极参与各种实践活动,挑战自我,尝试新的领域和角色。通过实践,学生能够发现自己的潜力和特长,从而更有信心地追求自己的职业目标。

2. 掌握行业信息

了解行业信息是开展职业实践的必要条件。大学生应该通过实习、参观、网络搜索等途径,了解目标行业的发展趋势、市场需求、竞争格局等信息。掌握行业信息能够帮助学生更准确地定位自己的职业方向,为未来的职业发展作好充分准备。

3. 增强自己的竞争力

职业实践是提升个人竞争力的重要途径。通过实践,学生能够积累实际工作经验,提升专业技能和综合素质。同时,实践还能够帮助学生建立人脉关系,拓展职业资源。这些都将为学生未来的职业发展提供有力支持。

4. 实现职业规划

职业实践是实现职业规划的重要手段。通过实践,学生能够逐步将职业规划转化为实际行动,实现自己的职业目标。在实践过程中,学生需要不断总结经验教训,调整职业规划,以确保其符合个人发展和市场需求。

5. 持续自我评估和调整

职业规划是一个动态的过程,需要大学生不断进行自我评估和调整。在实践过程中,学生需要时刻关注自身的发展状况和市场需求的变化,及时调整职业规划和实践策略。同时,学生还需要不断学习和成长,提升自己的综合素质和竞争力,以应对未来职业发展的挑战。

拓展阅读

创新驱动发展战略下的新兴职业机会研究

随着全球经济结构的调整和科技进步的加速,创新驱动已成为推动经济社会发展的重要战略。创新驱动发展战略不仅有助于提升国家竞争力,还能促进产业结构的优化升级,为社会创造更多的就业机会。

一、创新驱动发展战略与新兴职业机会

(一)创新驱动发展战略概述

创新驱动发展战略是指通过提高科技创新能力,推动经济转型升级和可持续发展的战略。在这一战略下,政府和企业将加大科技研发投入,推动科技成果转化和应用,培养创新人才,构建以科技创新为核心的发展模式。

(二)新兴职业机会的产生

在创新驱动发展战略的实施下,科技创新成为推动社会进步的重要动力。随着新技术的不断涌现和应用,一批新兴职业应运而生。这些新兴职业通常与高新技术、绿色能源、文化创意等领域密切相关,具有技术含量高、创新性强、就业前景广阔等特点。

二、新兴职业机会分析

（一）人工智能工程师

随着人工智能技术的快速发展，人工智能工程师成为市场上的热门职业。他们负责设计、开发、测试和维护人工智能系统，需要具备扎实的计算机基础和深厚的算法设计能力。

（二）大数据分析师

在大数据时代，数据已成为企业重要的战略资源。大数据分析师通过分析海量数据，为企业提供决策支持，帮助企业优化运营和提高效率。他们需要具备统计学、数据挖掘和可视化等技能。

（三）绿色能源技术专家

随着全球气候变化的加剧，绿色能源技术成为应对挑战的重要手段。绿色能源技术专家致力于研究和开发可再生能源技术，如太阳能、风能、生物质能等，以推动能源结构的绿色转型。

三、新兴职业机会的影响

（一）对高等教育的影响

新兴职业机会的发展对高等教育提出了新的要求。高校需要调整专业设置和课程内容，加强对学生实践能力和创新能力的培养，以适应新兴职业的需求。

（二）对职业培训的影响

新兴职业机会的快速涌现使得职业培训市场迎来了新的发展机遇。培训机构需要紧跟市场需求，提供针对性强、实用性高的培训课程，以满足企业对新型人才的需求。

创新驱动发展战略的实施为新兴职业机会的发展提供了广

阔的空间。政府、企业、高校和培训机构应共同努力,加强合作与交流,推动新兴职业机会的健康发展。同时,个人也应关注市场趋势和技术发展动态,积极提升自身技能和素质,以抓住新兴职业机会带来的发展机遇。

思考与练习

1. 有的大学生认为:"谁也不知道之后的职业生涯会如何发展,所以职业发展通道一定要越多越好,找工作就要跟着这个思路来。"请思考该观点是否合理,并说明理由。

2. 一位大学毕业生收到了心仪企业的录取通知,但是那家企业不能提供理想的岗位;另一家企业提供了理想的岗位,但其他方面却不能令其满意。请和同学一起讨论:面对这种情况,应该如何选择?

3. 阅读以下材料,回答问题。

小王是某高校制冷及低温工程专业 2021 级的学生,他高考后第一志愿填报的是计算机应用专业,后来被调剂到制冷及低温工程专业。刚查询到录取结果时,他感到十分沮丧,甚至考虑复读。他和父母对制冷及低温工程专业的第一印象就是安装及维修空调,需登高作业,工作危险性高。最后,他认真咨询了学校转专业的条件,带着转专业的愿望去学校报到。在接受入学教育的过程中,专业带头人详细解读了制冷及低温工程专业的就业方向,给他带来了希望,专业老师还带他到校企合作企业进行职业体验。看到学长的工作内容和工作状态,他心里的石头终于落地了,并且对专业越来越感兴趣,在校期间专业成绩非常好。毕业后,在学校就业中心的推荐下,小王进入一家知名制冷设备公司担任设计师。

（1）案例中的小王为什么最初会对制冷及低温工程专业产生抵触心理？后来他为何改变了看法？

（2）案例中的小王是如何进行职业世界探索的？其中有何可取之处？

自我评估

以下测试能够反映大学生对职业世界的了解程度。通常,大学生对职业世界越了解,探索越深入,越有利于自己今后的职业发展。

【测试说明】

请根据自己的个人特质和实际情况,客观地对以下问题作答,认为符合的打"√",否则打"×"。注意:本测试结果仅作为参考,不代表最终结论。

1. 你了解你的专业对口的职业或你的能力能胜任的职业。 （　　）

2. 你的家庭和其他社会关系不会对你进入该职业带来不利影响。

　（　　）

3. 你了解该职业所属的行业及其职业类型。 （　　）

4. 你对该行业接下来的发展情况有一定预估。 （　　）

5. 你了解该行业中占据优势的企业。 （　　）

6. 你了解该职位在某一企业中的晋升与发展路径。 （　　）

7. 你了解该职位在市场上的一般待遇。 （　　）

8. 你了解该职业的相关从业/等级资格标准。 （　　）

9. 你了解该职业在工作中需要与哪些人/组织打交道。 （　　）

10. 你了解该职业的相关法律规范。 （　　）

【测试分析】

对于以上10个问题的答案,打"√"的得1分,打"×"的得0分。

总分大于 7 分,说明你对职业世界的探索比较深入。

总分 4~6 分,说明你对职业世界只有粗浅的认识。

总分 4 分以下,说明你对职业世界的认识严重不足。

知识目标

1. 认识职业,明确职业能力的基本概念。

2. 通过学习,树立积极地提升个人职业能力的观念与意识。

能力目标

1. 充分认识到职业能力提升对于个人发展和社会发展的重要性。

2. 指导学生明确职业能力提升目标。

素质目标

1. 培养职业规划能力。

2. 培养职业判断意识。

3. 培养职业能力提升意识。

学习重点

1. 掌握职业能力提升的路径。

2. 明确职业素养在职业能力构成中的重要地位。

3. 了解如何评估自己的职业能力。

案例导入

朱婷与中国女排

2024 年 4 月 8 日晚，前中国女排国家队成员朱婷通过个人社交媒体透露，她已在当日正式向中国排球协会确认，将会在世界女排联赛期间回归国家队。

朱婷表示，她此次归队，唯一目的就是为中国女排夺取巴黎奥运会参赛资格尽一份力，为此她会全力以赴，专心训练。

从 2023 年底到 2024 年春节，朱婷的身体处于疲劳期，竞技状态严重下滑，甚至无法应付日常比赛。加上东京奥运会以来网络上针对朱婷的各种流言蜚语和恶意攻击一直没停过，甚至影响到她的家人，使得她一度对排球失去兴趣，希望远离是非纷扰。

作为里约奥运冠军队成员、世界顶尖主攻手，朱婷对中国女排的作用不言而喻。尤其是近几年，中国女排正经历新老交替的阵痛，在国际大赛上的表现欠佳。而自巴黎奥运会以来，朱婷一度因伤长期远离赛场，并缺席了包括世锦赛、世界女排联赛、杭州亚运会、巴黎奥运会资格赛等中国女排的一系列大赛。中国女排对于优秀主攻手的渴望也达到了前所未有的程度。

小张与人工智能研发

小张是一名人工智能工程师，他在一家大型人工智能研发公司工作。尽管他拥有扎实的技术背景和丰富的经验，但在面对复杂的项目和紧张的工期时,他也会感到压力巨大。

有一次,公司接到了一个重要的项目,需要在短时间内开发一款新的人工智能设备。小张被任命为该项目的技术负责人,他深知这个项目对公司和团队至关重要。

在项目开始阶段,小张充分发挥了他的技术能力,迅速搭建了开发环境,并带领团队进行了需求分析和设计。然而,随着项目的推进,他遇到了一些技术难题,项目的进展也开始受到影响。

面对挑战,小张没有退缩。他积极主动地寻求解决方案,与团队成员进行深入讨论,并向其他部门的专家请教。他还利用自己的业余时间学习相关的新技术,不断尝试和实践,最终找到了有效的解决方案。

在项目的关键阶段,小张展现出了卓越的领导能力。他合理分配任务,鼓励团队成员相互协作,共同克服困难。他还时刻关注团队成员的工作状态和情绪,及时给予支持和鼓励,让团队始终保持高昂的士气。

经过团队的共同努力,项目最终按时交付,并获得了客户的高度评价。小张的出色表现得到了公司的认可,他也晋升为技术总监。

🔆 案例思考

职业能力包括哪些内容?

第一节 职业能力的内涵与作用

一、职业能力的内涵

在当今竞争激烈的社会环境中，职业能力已成为个人在职业生涯中取得成功的关键因素。关于职业能力的概念，业界有着多样的界定和描述。但是，了解职业能力首先要从职业和职业生涯的相关概念入手，因为职业能力就是获取职业和发挥职业价值的综合能力，是人们从事某种职业的多种能力的综合情况。个体的职业能力越强，各种能力越是综合发展，就越能促进其在职业活动中的创造和发展，就越能取得较好的工作绩效和业绩，越能给个人带来职业成就感。

基于职业概念之上的职业能力，内涵丰富多样。它不仅包括专业知识和技能，还涵盖了沟通能力、适应能力等一系列综合素质。

概括来讲，职业能力包括专业能力、方法能力和社会能力三种能力。专业能力是指从事职业活动所需要的运用专业知识、技能的能力，强调适应性、针对性；方法能力是指从事职业活动所需要的工作方法、学习方法方面的能力，强调合理性、逻辑性、创新性；社会能力是指从事职业活动所需要的社会行为能力，适应社会、融入社会的能力。

具体来讲，职业能力涵盖技术能力、人际交往能力、问题解决能力等。

技术能力无疑是许多职业的基石。技术能力包括对特定工具、技术和工艺的熟练掌握。例如，程序员需要精通编程语言，工程师需要擅长使用工程设计软件。这种能力使人们能够高效地完成专业任务，是在专业领域立足的根本。

人际交往能力同样不可或缺。良好的沟通、协作和人际关系处理能力，能够帮助我们与同事、客户和上级建立良好的合作关系。善于倾听、表达清晰、懂得妥协与合作，能极大地促进工作的顺利开展和团队的和谐。

问题解决能力是应对各种工作挑战的关键。能够迅速分析问题的本质，提出合理的解决方案，并有效地付诸实践，展现了一个人的思维敏捷性和应变能力。具备这种能力的人往往能够在复杂的工作情境中脱颖而出。

创新能力在当今时代越发重要。它能驱动个人和企业不断进步，开拓新的领域和机会。拥有创新思维的人能够提出新颖的想法和解决方案，为组织带来新的活力和竞争优势。

适应能力使我们能够自如地应对工作环境的变化和不确定性。无论是新技术的出现、组织结构的调整，还是市场的波动，具备强大适应能力的人都能够快速调整自己，保持工作的高效性。

领导能力是在团队中发挥引领作用的能力。它包括目标设定能力、决策能力、激励能力等方面。优秀的领导者能够带领团队朝着共同的目标前进，激发团队成员的潜力。

时间管理能力确保我们能够合理安排工作时间，提高工作效率，避免拖延和混乱。有效分配时间可以让我们在有限的时间内完成更多的任务。

不同的职业对这些能力的侧重点可能会有所不同，但综合发展多种职业能力将有助于我们在职场中取得更好的成绩。例如，科研人员需要较强的技术能力和创新能力，而管理人员则更注重领导能力和人际交往能力。

我们应充分认识到职业能力的内涵和作用，不断努力提升自己的职业能力，以更好地适应社会发展的需求，实现自身的职业目标和人生价值。

二、职业能力的作用

职业能力的作用不可小觑,对于个人和集体的发展都有着至关重要的影响。

对于个人而言,职业能力是实现职业发展和晋升的阶梯。具备强大职业能力的人更容易获得工作机会,在工作中表现出色,从而获得更多的认可和回报。同时,职业能力也为个人带来更高的职业满意度和成就感,使人们在工作中感受到自我价值的实现。

对于企业和组织来说,员工的职业能力直接影响着企业的整体绩效和竞争力。拥有高素质、高能力的员工队伍,能够推动企业不断创新和发展,在市场中占据优势地位。

可以说,职业能力是个人在职场中安身立命的根本。拥有出色的专业技能,如精湛的编程能力、卓越的设计才华等,能让我们在特定领域内展现出独特的价值,从而获得工作机会和职业发展的空间。它是打开职业大门的钥匙,使我们有能力承担相应的工作职责,为企业和社会创造价值。

良好的职业能力有助于提升工作效率。具备高效的时间管理能力、问题解决能力和组织协调能力,可以让我们在有限的时间内完成更多高质量的工作。这不仅能为个人赢得更多的认可和回报,也能为企业带来更高的效益,促进企业的发展。

职业能力也是个人实现职业晋升的重要保障。当我们不断提升自己的能力,无论是通过学习新知识、掌握新技能还是培养新的思维方式,都有利于自己应对更复杂的工作任务和挑战,增加自己在组织内的竞争力。

从团队层面来看,个体的职业能力能促进团队的协作和整体绩效的提升。每个成员具备良好的沟通能力、团队合作能力,能使团队的运作更加顺畅和高效。不同成员的专业能力相互补充和协同,共同攻克难题,能够推动项目的顺利进行,为团队带来成功。

对于社会而言,拥有大量具备高职业能力的人才,能够推动各个行业的发展和进步。创新能力强的人可以推动技术创新和产业升级,管理能力突出的人可以引领企业走向繁荣,从而带动整个社会经济的发展。

总之,职业能力在个人、团队和社会层面都有着不可忽视的重要作用。它是我们在职场中立足、发展和取得成就的关键因素,激励着我们不断努力提升和完善自己的能力体系,以更好地适应时代的需求和挑战。我们应始终重视对职业能力的培养和提升,为创造更加辉煌的职业未来打好基础。

第二节　学业规划

一、学业规划的意义

好的规划是一件事成功的开始,对于大学生来讲,学业规划具有多方面的重要意义。良好的学业规划能为未来的职业发展打下坚实基础,使大学生在毕业时更具竞争力,能更好地适应社会和职场的要求。

首先,它有助于明确目标和方向。专业的选择和发展目标直接关乎未来的职业走向;校园生活的规划与目标关联着未来职场的适应能力;学历提升的学业进阶规划与目标,决定了未来一段时间的发展走向。明确的目标和方向让大学生清楚自己在大学期间要达成什么,毕业后想从事什么,避免迷茫徘徊,能够更有针对性地为之努力。

其次,能提高学习的积极性和主动性。当有了清晰的规划后,学生们会更有动力去学习相关课程,参与实践活动,提升自己的知识和技能。有了明确的目标后,学生们会有方向地去为实现目标查缺补漏,积极从课程、专业、时间规划、能力建设、素养养成等多个维度去努力,或通过理论或通过实践的形式丰富自己的知识层次和提升自己的技能水平。

再者,有利于合理安排时间和资源。大学生活丰富多彩,但也容易分散精力,学业规划能帮助学生在学习、社交、实践等方面更好地分配时间,充分利用大学的各种资源来充实自己。大学城已逐渐成为大学发展规划的一种重要形式。作为一名大学生应有效地利用大学城各高校的资源,而并非局限于一所大学,针对各高校的图书、师资、社团、学术交流、实践活动等资源积极规划,聚拢资源,达到"1+1>2"的效果。

积极有效的学业规划还有助于大学生提升综合素质。在促进自身全面发展的过程中,学生不仅会注重专业知识的学习,还会关注自身其他方面能力的培养,如沟通能力、团队协作能力等。学业规划并非单纯地就专业和课程的学习进行规划,其间,学习时间、发展目标、业余生活、实践活动、素养养成、心理调适与情绪管理等要素都是相互关联的一个立体化系统,需要学生全方位地提高个人素养。

二、学业规划的方法

学业规划对于大学生的成长和发展至关重要,同时,学业规划是一项系统严谨的工程,好的方法可以确保学业规划平稳有序推进。以下是一些有效的学业规划方法。

自我评估是最为关键的第一步。大学生需要深入了解自己的兴趣、爱好、优势和劣势。思考自己真正热爱什么,擅长哪些领域,这有助于确定适合自己的学业方向和目标。

要明确学业目标。大学生应明确自己的学业目标是追求优异的成绩、获得特定的证书、参与科研项目,还是为了毕业后进入理想的行业。目标越清晰具体,就越能有针对性地制订规划。

制订阶段性计划不可或缺。将整个学习过程分成不同的阶段,如学期、学年等,再制订学期计划、学年计划等。在每个阶段设定具体的任务和指标,包括课程学习、实践活动、课外阅读等方面。

合理安排时间同样重要。根据学业任务和个人生活,制作科学的时间表,确保学习时间充足且高效利用,同时也为休息和娱乐留出适当空间,以保持良好的身心状态。

积极拓展资源也是重要一环。利用学校的图书馆、实验室、教室等资源,参加学术讲座、社团活动等,拓宽自己的知识面和视野。

不断反思和调整。定期回顾自己的学业规划执行情况,分析遇到的问题和取得的成果,根据实际情况对规划进行必要的调整和优化。

与他人交流合作也能助力学业规划。可与同学、老师、学长学姐等交流经验和心得,从他们那里获取有益的建议和启发。

此外,要保持积极的心态和坚定的信念。在执行学业规划的过程中可能会遇到困难和挫折,但要相信自己能够克服,坚持不懈地朝着目标前进。

三、正确规划大学学业

从职业发展的角度来看,根据目标职业要求制订大学期间的学业规划是最为正确和有效的学业规划方法。总体来说,制订大学期间基于目标职业要求的学业规划,可参考以下步骤:

第一步,明确目标职业。深入研究自己感兴趣的职业,了解其工作内容、技能要求、职业发展路径、行业趋势等。可以通过网络搜索、咨询业内人士、参加职业讲座和实习等方式获取信息。

第二步,分析职业所需技能和知识。确定该职业所需的专业知识、通用技能(如沟通、团队合作、领导力)、软件或工具的使用能力等。

第三步,对照自身现状。评估自己目前已具备的知识和技能,找出与目标职业要求之间的差距。

第四步,制订好学业计划。

(1)课程选择。根据职业要求,选择相关的专业课程,并确保在大学期间修满必要的学分。

(2)自学提升。针对职业需要但学校未开设的课程,制订自学计划。

(3)实践活动。积极参加实习、项目竞赛、社团活动等,以积累实践经验和锻炼综合能力。

(4)考证规划。如有必要,考取与职业相关的证书。

第五步,设定阶段性目标和评估节点。将学业规划分解为每个学期或学年的小目标,并定期评估自己的进展和成果,根据实际情况调整规划。

第六步,拓展人际关系。与同行、前辈、导师建立良好的关系,他们的经验和建议可能对学生的职业发展和学业规划有所帮助。

制订基于目标职业要求的大学学业规划需要深入了解职业、客观评估自身,并保持积极执行和调整,以确保在毕业时具备足够的竞争力进入理想的职业领域。

第三节　职业能力的评估

一、评估自己的职业能力

大学时代是正式步入职场和社会前的一个关键阶段,正确地评估自己的职业兴趣以及与之匹配的职业能力,可以帮助学生快速地适应职场环境,大学生可以通过自我反思、参加实践活动等方式评估自己的职业能力。

经常自我反思,发现自己的职业兴趣和能力。自我反思是一个深入了解自己的过程,通过回顾自己过往的经历,包括学习、实践活动、社团工作等,思考自己在这些过程中展现出的优势和不足,比如是否善于分析问题、组织协调、沟通表达等。通过对什么事情感兴趣、在哪些方面表现出色、喜欢与人合作还是独立工作、对什么价值观和理念特别重视等一些问题的反思与回答,大学生可以更好地了解自己的职业倾向和能力。

通过技能测试和职业测评,深入了解自己在具体领域的职业能力水平。可以参加一些专业的技能测试或通过评估工具,如语言能力测试、计算机技能测试等,了解自己在特定领域的水平。利用专业的职业测评工具和系统,可以综合评估自己的性格特点、兴趣爱好、职业倾向与能力等。

多与他人交流,在交流过程中获取他人评价,从而帮助自己更好地发现自己在具体领域的优势和不足之处,以便更好地规划自己的职业生涯。可以向老师、同学、朋友、家人等征求对自己的看法和评价,他们可能会从不同角度看到自己未察觉的能力表现。

积极参加实践活动,检验自己真实的职业能力。通过参加实习、兼职、项目、社团活动等实际工作,在真实的工作环境中观察自己的适应能力、工作效率、解决问题的能力等,同时还可以扩展自己的人脉资源,有利于未来的职业发展。

此外,案例分析与榜样对比也是评估自身职业能力的有效方式。针对一些实际的职业场景或案例,分析自己会如何应对和处理,以此来推断自己相关的职业能力。找一些自己感兴趣领域的成功人士作为榜样,对比自己与他们在知识、技能、素养等方面的差距,可以很好地评估自己的职业能力水平。

二、识别和转换职业能力

在竞争激烈的社会环境中,如何识别和转换职业能力对于大学生来讲显得尤为重要。

刘艺是一名刚毕业的大学生,在校期间她积极参加各种班级事务和社会实践活动,锻炼了自己的沟通交流和组织协调能力。毕业后,她成功入职一家企业,担任市场专员。

在工作中,刘艺发现自己在学校所学的理论知识与实际工作存在一定差距。为了尽快适应新的工作环境,她主动向同事请教,学习他们的工作经验和方法。同时,她也利用业余时间参加相关的培训课程,提升自己的专业技能。

通过不断学习和实践,刘艺逐渐掌握了市场调研、数据分析、营销策划等职业能力,她能够独立完成市场调研项目,并根据调研结果制订有效的营销策略。她的工作表现得到了领导和同事的认可,也为自己的职业发展打下了坚实的基础。

在这个案例中,刘艺通过积极主动地学习和实践,成功地识别和转换了自己的职业能力。刘艺的经历告诉我们,大学生在进入职场后,要不断学习和提升自己的能力,以适应职场的需求。同时,保持积极的心态,勇于面对挑战和困难,不断努力追求自己的职业目标。

具体来说,识别职业能力需要大学生进行全面的自我审视,回顾自己在学习、社团活动、实践项目中的经历,思考在这些过程中所展现出的技能,如领导能力、团队协作能力、沟通能力、创新能力等。同时,发挥兴趣爱好的作用,因为兴趣往往是激发潜能的关键。通过分析自己擅长和喜欢做的事情,初步确定自身具备的职业能力。

在识别出相关能力后,转换就成为关键的一步。将课堂上学到的理论知识与实际应用相结合是重要途径之一。比如,将专业知识运用到实习工作或项目推进中,在实践中深化对知识的理解,同时提升实际操作能力。

积极参与各种活动也是转换能力的有效方式。参加竞赛可以锻炼竞争意识和应变能力;社团工作能强化组织协调和人际交往能力。不同的场景可以让已有的能力得到拓展和优化。

此外,学会从不同的经历中提取通用能力至关重要。例如,一次失败的经历可以培养坚韧不拔的品质和应对挫折的能力,这些能力在任何职业中都具有价值。

主动寻求反馈也是提升职业能力的有效途径。无论是老师、同学,还是实习导师,他们的意见都能帮助自己更准确地认识自己的能力,并找到改进的方向。

持续学习和自我提升是保持职业能力转换活力的源泉。大学生应关注行业动态,学习新的技能和知识,使自己始终适应社会的发展和职业的需求。

总之,大学生要善于识别自身的职业能力,并通过多种方式积极进行转换和提升,为未来顺利进入职场并取得成功奠定坚实的基础。

第四节　职业能力的提升

一、提升核心职业竞争能力

大学生要从多方面入手，全面提升自己的核心职业竞争能力，以更好地应对未来的职场挑战，实现自身的职业理想和价值。

大学生可以通过以下具体方法来提升自己的核心职业竞争能力。

一是深入学习专业知识。认真对待每一门专业课，钻研专业书籍和文献，参加学术讲座和研讨会。

二是考取相关证书。根据专业和职业方向，考取有价值的证书，如专业资格证、语言证书等。

三是参与实践项目。积极申请学校的科研项目、创新创业项目，或参加企业的实践项目。

四是实习锻炼。利用假期寻找高质量的实习机会，积累工作经验。

五是参加技能培训。例如编程培训、办公软件培训等。

六是加入学生组织或社团，提升领导能力、组织能力和团队协作能力。

七是参加竞赛活动。例如参加学科竞赛、创新创业竞赛等，锻炼竞争意识和解决问题的能力。

此外，大学生还可以通过以下方法全方位提升自己的核心职业竞争能力：通过学习外语，参加国际交流活动来培养跨文化交流能力；通过社交活动、校友聚会等结识更多人，建立人际关系网络；通过参加演讲、写作等活动提升自我表达能力；通过广泛阅读各类书籍，拓宽知识面和视野；合理安排学习和实践活动的时间,做好时间管理;明确自己的职业目标和发展路径,进行职业规划;虚心接受他人的建议和批评,不断完善自己,接受反馈并改进;通过案例分析等方式锻炼思维,培养解决复杂问题的能力;关注行业动态,及时了解行业的最新发展趋势和需求;塑造良好的职业形象(包括言谈、仪表、举止等方面);面对困难和挫折时保持坚韧,培养抗压能力;尝试从不同角度思考问题,提出新观点,锻炼创新思维。

二、提升职业素养

职业素养是一个综合性的概念,涵盖了道德、意识、技能、行为等多个层面,是个人在职业领域取得成功和实现自身价值的重要基础。

具体来讲,职业素养的内涵主要包括职业道德、职业意识、职业技能、职业行为习惯、职业形象、职业心态和职业价值观等要素。职业道德主要包括诚实守信、爱岗敬业、责任心、忠诚度等,是对职业行为的基本规范和道德准则的遵循;职业意识反映了对职业的认知和态度,如主动意识、服务意识、创新意识、团队合作意识等;职业技能是特定岗位所需的专业知识和操作能力,是完成工作任务的直接保障;职业行为习惯是良好的工作习惯、时间管理、沟通方式等;职业形象包括外在形象以及在工作场所展现出的精神风貌和言谈举止;职业心态是指在工作中的心理感情,良好的职业心态有助于更好地应对工作中的挑战和变化,如积极乐观、抗压能力强、保持学习心态等;职业价值观是对工作意义、职业发展等方面的认知和追求,引导着个人的职业选择和行为方向。

职业素养在求职和职业发展中扮演着极其重要的角色。

在求职中,良好的职业素养可带来多方面的积极作用:可以增强竞争力,使求职者在众多竞争者中脱颖而出,吸引招聘者的关注;可以展现适配性,体现出与岗位的高度匹配,让招聘者相信其能快速适应工作;可以建立良好印象,给招聘者留下专业、可靠的印象。

在职业发展中,良好的职业素养还会极大地促进个体的发展:职业素养可以促进晋升,因为具备较高职业素养的人往往更有可能获得晋升机会;可以拓展人脉,优秀的职业素养有助于建立良好的人际关系,拓展职业人脉资源;可以提升工作满意度,有助于更好地应对工作中的各种情况,从而提升对工作的满意度和成就感;可以引领创新,创新意识等职业素养能推动个人在工作中不断创新,为组织发展贡献力量;可以增强职场适应力,面对职业环境的变化和挑战时,个体能凭借良好的职业素养迅速调整和适应;可以塑造职业声誉,逐渐积累起良好的职业声誉,为长远发展奠定坚实基础。

在校大学生可以在校园生活中通过持续学习、明确职业理想目标、强化自我管理、规范职业道德、加强社会实践等方式来提高职业素养。

(一)明确职业理想目标

职业理想是职业发展的风向标,是事业发展的精神动力源。一般情况下,职业理想一经确立,人们就会为之付出孜孜不倦的努力,就可以转化为精神力量,会使人迸发出积极性并产生坚定的意志,激励着人们自觉地追求既定目标,从而取得事业的成功。职业理想是社会理想的具体化,是实现社会理想的桥梁。

(二)强化自我管理,提升自身修养

在校大学生应该从多个方面强化自我管理,提升自身修养。广泛阅读,涉猎各类经典书籍,丰富知识储备,提升思维深度和广度;学习专业知识,扎实掌握本专业的理论和技能,不断追求卓越;培养兴趣爱好,找到自

己热爱的领域;参与社会实践,通过志愿服务、实习等活动,增强社会责任感和人际交往能力;注重礼仪规范,学习社交礼仪,在言谈举止上体现良好的素养;反思与自省,定期回顾自己的行为和思想,总结经验教训,不断改进;坚持运动,保持健康的身体和积极的心态;学习艺术欣赏,提高对艺术作品的鉴赏能力,提升审美水平;培养良好品德,如诚实、善良、宽容、谦逊等;参加学术讲座和研讨会,拓宽视野,接触前沿思想;养成良好的生活习惯,规律作息、合理饮食等;进行情绪管理,学会控制和调节情绪,保持心态平和;与优秀的人交往,从他们身上汲取优点和经验;提升沟通能力,更好地与人交流合作。

(三)规范职业道德

职业道德是人生观和职业素养的重要组成元素,确立正确的人生观是规范职业道德的前提。大学生只有树立正确的、进步的人生观,才会有强烈的社会责任感,才会在职业活动中进行自觉的职业道德修养,形成良好的职业道德品质。规范职业道德要从培养良好的行为习惯着手。同时,应学习先进人物的优秀品质,不断激励自己。大学生要学习袁隆平、屠呦呦等先进人物对社会的无私奉献精神,学习他们的优秀品质,不断提升自己的职业道德水平和思想境界,从而提升自己的职业素养。

(四)加强社会实践

实践是出真知的必经之路。大学生可以利用假期参与社会实践。无论是否从事与专业相关的工作,参与社会实践都是很好的培养职业素质的机会。只要树立职业神圣的观念,你就会在所从事的每项工作中提高自己的职业素养。

拓展阅读

　　习近平强调,劳动者素质对一个国家、一个民族发展至关重要。技术工人队伍是支撑中国制造、中国创造的重要基础,对推动经济高质量发展具有重要作用。要健全技能人才培养、使用、评价、激励制度,大力发展技工教育,大规模开展职业技能培训,加快培养大批高素质劳动者和技术技能人才。要在全社会弘扬精益求精的工匠精神,激励广大青年走技能成才、技能报国之路。

　　(节选自《弘扬精益求精的工匠精神 激励广大青年走技能成才技能报国之路》,《人民日报》,2019 年 9 月 24 日第 1 版)

思考与练习

　　1. 在互联网＋的时代背景下,职业素养的重要性愈发突出,出色的人际沟通能力、处理突发问题的敏捷思维等在职场中已成为优秀职工的重要标志,请结合学习内容谈谈自己对于职业素养的认识。

　　2. 相对核心职业竞争力,职业素养的作用亦不容小觑。请结合学习内容,谈谈自己对职业素养的理解。

模块 五

创新思维与职业生涯发展

知识目标

1. 了解创新思维的概念、影响因素。

2. 明确创新思维对职业发展的意义。

3. 理解创新思维的特征和类型。

4. 掌握创新思维的要素、原则和基本方法。

能力目标

1. 能够培养自己的创新思维。

2. 能够将创新运用到生活、学习、工作中,以便更好地完成各项任务。

素质目标

1. 培养社会责任感与创新实践能力。

2. 激发个体的创造力和批判性思维,将个人发展与社会进步相结合。

3. 培养主动创新、乐于创新的意识。

4. 增强"危机中育先机、变局中开新局"的信心与决心。

学习重点

1. 掌握培养创新思维的基本方法。
2. 将创新思维应用于职业生涯规划。

案例导入

在升国旗仪式中，常常发生升旗速度与奏唱国歌不同步的情况。一位中学生想：如果按照国歌的节奏在旗绳上划定一些间隔，再在各个间隔上填入与歌词相对应的数字，升旗时一边拉绳子，一边看旗绳上的数字，就可以做到升旗速度与奏唱国歌同步了。

案例思考

如何发展创新思维？

第一节　创新思维概述

一、创新思维的含义

创新是指利用现有的知识和物质，在特定的环境中，本着理想化需要

或为满足社会需求,提出有别于常规或常人思路的见解,改进或创造新的事物、方法、元素、路径、环境,并能产生一定有益效果的行为。

> 生活从不眷顾因循守旧、满足现状者,从不等待不思进取、坐享其成者,而是将更多机遇留给善于和勇于创新的人们。
>
> ——习近平

思维是人脑的机能,是人类认知的高级阶段,是从社会实践中产生的认知活动过程。具有能动性的思维是人在提出问题、解决问题过程中的内在心理活动,思维是促成人行动的决定因素。

创新思维是指个体在面对问题时,能够超越传统思维模式,采用新颖、独特的方法来思考、分析和解决问题的一种思维方式。它不仅仅是寻找新的解决方案,还包括对现有知识和方法的重新组合和改进。

创新思维是进行创新实践活动的基础条件,是思维的高级形式。培养大学生的创新思维是提高大学生创新能力的关键。

> 不断提高战略思维、历史思维、辩证思维、系统思维、创新思维、法治思维、底线思维能力,为前瞻性思考、全局性谋划、整体性推进党和国家各项事业提供科学思想方法。
>
> ——党的二十大报告

可以从以下四个方面理解创新思维。

(1)创新思维与一般思维活动的区别。一般思维通常指的是按照已有的知识、经验和常规方法来解决问题或处理事物的思维方式,它强调的是稳定性和效率，通常不会产生根本性的变化。创新思维则是指突破常规，提出新观点、新方法或新解决方案的思维方式，它强调的是变革和创造性，旨在产生新的价值和效果。

（2）创新思维以实践为基础。创新思维要以实践为基础，失去实践基础，思维会陷入不切实际的幻想。实践是培养创新思维的基础、源泉和动力，而创新思维的结果往往会推动实践的发展。创新思维离不开对前人和他人已有成果的继承。

（3）创新思维可以应对未来挑战。创新思维强调对未来趋势的敏锐洞察与前瞻性思考。它关注环境变化，并尝试发现潜在的机会，提前规划布局，并以创新手段应对未来挑战。

（4）创新思维需要具备开放的态度。创新思维拥有开放的心态，乐于接受和吸纳新观念。它提倡积极交流与分享，从不同角度和反馈中汲取灵感，借鉴跨领域经验与知识，实现思维模式的多元化融合。

二、创新思维的特征

（1）多向性。从思维方向上看，创新思维常常从不同的角度去思考问题；当问题出现后，思维会从不同的方面、层次、条件等构思多种设想，寻求多种答案；当某一思路受阻时，创新思维能够很快转向另一个方向。

（2）联想性。创新思维一般基于已有的经验或别人的发明创造，通过联想思维将表面看来互不相干的事物联系起来，达到创新的界域。其核心是积极寻找事物之间的一一对应关系，达到由此及彼、举一反三、触类旁通的效果。

（3）求异性。创新思维关注客观事物的不同性与特殊性，现象与本质、形式与内容的不一致性，不拘泥于常规，不轻言权威，以怀疑和批判的态度对待一切事物和现象。

（4）发散性。创新思维是一种开放性思维，它是从某一原点出发，任意发散，无确定的方向和范围，以求产生众多的可供选择的方案、办法及建议，提出一些别出心裁、出乎意料的见解。

（5）逆向性。创新思维常常突破传统观念、常规经验、权威言论等，有意识地从常规思维的反方向去思考问题。

三、创新思维的类型

（一）逻辑思维与非逻辑思维

逻辑思维是指符合某种人为制订的思维规则和思维形式的思维方式，也称"抽象思维"或"闭上眼睛的思维"。它主要包括抽象与概括、归纳与演绎、比较与分类、分析与综合、判断、推理、类比等。逻辑思维也是一种按照逻辑规律建立概念和命题之间推理关系的形式化思维，具有规范、严密、确定和可重复的特点。

非逻辑思维是不依从逻辑规律的思维，实质上是一种不经充分的论证分析就得出结论的思维活动。非逻辑思维是创造的源泉，是思维活动的高级形式，通常包括直觉、灵感、联想与想象。它们通常具有突发性、模糊性、独创性、非自觉性、意象性及互补综合性等特征。在日常生活中，我们常用"久思而至""自由遐想""另辟蹊径""触类旁通""豁然开朗""见微知著"等词语来描述非逻辑思维。

（二）理性思维与非理性思维

理性思维是一种有明确的思维方向，有充分的思维依据，能对事物或问题进行观察、比较、分析、综合、抽象与概括的思维。简而言之,理性思维就是一种建立在证据和逻辑推理基础上的思维方式。理性思维是人类思维的高级形式,是人们把握客观事物本质和规律的一种能力。

非理性思维一般指在直觉、欲望、本能控制下的有情绪参与的思维活动。但非理性思维并不是疯狂的,也不是毫无规律的,而是根植于我们理性大脑认知系统的一套决策方法。

创造发明活动是在个体参与下进行的带有自发性的由感性到理性的反复过程,所以它必定与人的各种素质,尤其是一些非智力因素相关,如情绪、人格、意志、动机等。在一定条件下,非理性思维还会起到关键性的作用。完整的创新思维方式应是理性思维与非理性思维的统一。

(三)发散思维与集中思维

在创造过程中,人们的思维不是仅按一条线索发展,而是从已知信息出发向四面八方扩展,由一种输入得到多种输出,这种思维方式称为"发散思维",也称"扩散思维""辐射思维"。发散思维是以形象思维为基础,不强调事物之间的相关关系,也不追求问题解决的唯一正确答案,而是围绕一个中心问题进行多方面、多角度、多层次、多结构的思考,以寻找答案的思维方式。发散思维摆脱了原有的思维框架,以新的视角去探索问题、重组信息,使问题得到完美的解决。其具有流畅性、灵活性和独特性,其中,流畅性反映了思维的广度,灵活性反映了思维的适应性,独特性反映了思维的新颖性。

在解决问题的过程中,尽量运用已有的知识和经验把众多的信息和解决问题的可能性引导到条理化的逻辑序列中,按逻辑思考方式进行加工,从而得到一个正确的解,这种思维方式称为"集中思维",也称"收敛思维"。集中思维的特点是从已知的前提条件(如方案、设想、思路及知识、经验等)出发,寻找问题的最佳答案,或找出唯一的解。集中思维虽然不会产生新观念,但在整个创造过程中是不可少的,如分析、评价过程中必须采用集中思维。任何创造活动都要经过从发散思维到集中思维和从集中思维到发散思维的多次循环,直至问题解决。

如果说发散思维是从一点向四周放射,那么集中思维就是从四周向某一点汇集,收敛、抽象、概括是其基本核心内容。综合运用发散思维与集中思维,常常会发现毫不相关的事物间的联系,从而产生创造性设想。

四、创新思维的影响因素

(一)教育和文化背景

教育和文化背景对创新思维有着显著的影响。良好的教育环境能够激发学生的创新潜能,不同的教育体系和教学方式会培养出不同的思维方式,例如,一些国家的教育注重培养学生的创造力和想象力,而另一些国家则更注重培养学生的实用技能。此外,不同的文化传统和价值观也会影响创新思维的发挥,例如,某些文化背景下的人们更注重传统和稳定性,而在其他文化背景下的人们则更注重创新和变革。

(二)社会环境和政策

社会环境和政策也是影响创新思维的重要因素。一个支持创新和创业的社会环境会鼓励人们勇于尝试和创新;一个限制创新和创业的社会环境会抑制人们的创新思维。此外,政府对科技创新、文化创新等方面的支持和投入会直接影响到创新思维的产生和发展。例如,一些政府会制订鼓励企业创新的政策,而其他政府则更注重保护知识产权。

(三)个人因素

个人因素对创新思维的影响也不容忽视。一个人的性格、兴趣、经验和知识等都会影响其创新思维能力。例如,一些人可能更善于发现问题和解决问题,而其他人则更善于想象和创造。此外,一个人的心理健康状态也会影响创新思维。例如,焦虑、抑郁等可能会抑制一个人的创新思维能力,而好奇心、勇气等可能会促进一个人的创新思维能力。

(四)思维定式

思维定式也是影响创新思维的一种因素。所谓思维定式是由先前的活动而造成的一种对活动的特殊心理准备状态,或活动的倾向性,又称"习惯性思维"。它阻碍了思维的开放性和灵活性,造成思想的僵化和呆板。人们在一定的环境中工作和生活,久而久之,就会形成一种固定的思维模式,这使得人们习惯于从固定的角度来观察和思考问题,以固定的方式来接受事物。大量事例表明,当一个问题的条件发生质的变化时,思维定式会使解题者墨守成规,难以涌现出新思维,作出新决策,造成知识和经验的负迁移。

第二节　创新思维的方法

一、创新思维的三个要素

（一）灵感

从创新的视角出发,思考问题的初始阶段往往孕育着创新的萌芽。在思考过程中,我们的心灵会涌现一系列解决问题的设想,这些设想可能源自过往的经验,也可能在不经意间变为灵感的火花。因此,通过运用恰当的思维方式审视周围的世界,我们每个人都有可能在思考中获得灵感,捕捉到那些闪现的创意,并将之转化为实际行动,以解决生活中的种种问题。

（二）兴趣

兴趣是一种强大的驱动力,它激励人们持续探索自己热爱的事物,即使在面对挑战和困难时,也能激发内在的热情和毅力,不断寻求解决方案。对于大学生而言,兴趣不仅是启迪智慧的源泉,更是学习热情与探索精神的强大催化剂。兴趣还能培养观察力、想象力、注意力和意志力,这些能力的综合运用,将促进大学生能力的全面发展。因此,鼓励大学生探索和发掘自己的兴趣,引导他们在兴趣的驱动下不断成长和进步,对于大学生实现个人价值与目标,具有极其重要的意义。同理,在职场环境中,鼓励员工探索和发掘自己的兴趣,不仅能够提升工作效率,还能激发团队的创新活力,促进个人与组织的共同成长。

（三）预测

在创新思维中，预测市场趋势是关键因素之一，也是把握机遇、控制风险的重要手段。在面对问题和挑战时，合理的预测并非基于猜测，而是基于过往经验的理性判断。掌握预测能力，不仅能够帮助我们对解决方法的可行性进行评估，还能在创新过程中对预期结果进行合理预估，减少盲目性，提高决策的精准度。

灵感、兴趣和预测，构成了创新思维体系的三大要素。灵感和兴趣赋予创新以生命和动力，激发无限可能。兴趣驱动个体不断探索和成长；预测则为创新提供战略指导和风险控制的框架，确保创新活动在可控和高效的状态下推进。通过这三个要素的相互作用，创新思维得以蓬勃发展，推动个人和社会的进步。

二、创新思维的培养原则

创新思维的培养应遵循以下几项原则。

（一）激发钻研的兴趣

（1）兴趣是创新思维的源泉。兴趣是推动人们从事创造性活动的内在动力，它促使个体将精力与时间投入创造性活动中。在创新过程中，兴趣对个体的创新思维起到引导作用，是维系持久创新能力的基础。通常，当人们面对复杂多变的客观世界时，注意力首先会被自己感兴趣的事物所吸引，并以愉悦的心情全神贯注地关注它，有时甚至达到忘我的境地。兴趣能够最大限度地激发个人的内在潜能，使看似不可能变为可能。通常，在兴趣的引导下，人们会将工作做得更加出色。

（2）兴趣源于对事物的好奇心。好奇心是人们想要了解事物本质的一种心理需求，是由新奇事物的刺激引发的一种包含注意、接近、探索等因素的心理和行为动机。好奇心是创新的起点和动力。强烈的好奇心能够引发人们对新奇事物和现象的高度关注。许多著名的科学家从小就具有超出常人的好奇心。"发明大王"爱迪生的成功，正是源于他强烈的好奇心。

（3）兴趣引发求知欲。求知欲是人们迫切渴望获取知识和真理的欲望。求知欲并非自然产生，它依赖于钻研事物的兴趣。一个人对某种事物越感兴趣，便更加迫切地想获取与该事物相关的真理和知识。兴趣越强烈，渴望揭示事物真相的愿望就越强烈。兴趣能够使人们的思维进入一种全神贯注的兴奋状态，不断地研究和探索新的问题，从而实现创新。

总体而言，人类社会出现的许多伟大创新都源自好奇心。正是对事物的好奇心和求知欲，引导人们探索自然的奥秘、从事科学研究活动。

案　例

　　吴聪是荆楚理工学院数理学院应用物理系的学生，他在校期间一直热衷于发明创造，经常与同学在实验室进行小发明。2014年，他发明的"升降踏板式变速自行车"不仅获得了国家专利，还入选了2014年国家级大学生创新创业训练计划项目。谈到这项发明，吴聪自豪地说："自行车自发明以来就深受人们的喜爱，并成为出行的主要方式之一。近年来，随着人们对出行工具要求的提高，舒适方便的变速自行车越来越受欢迎。然而，由于各种原因，非变速自行车仍然大量存在。我发明的这个踏板结构简单，性价比高，只需更换普通自行车的踏板，普通自行车就能变成变速自行车。这对于那些收入不高的变速自行车爱好者来说，意味着可以用很少的钱将普通自行车升级为变速自行车。"

（二）培养质疑的态度

问题是创新的起点。在儿童时期，每个人都会对外界产生或多或少的疑问，人们从小就有"提问"的习惯。思考者应敢于提问、善于提问，要敢于对所见事物提出各种问题。对事物保持质疑的态度是富有创造力的重要特征。有问题意味着思考者开始关注某种事物，通过提问和质疑，可以揭示事物的本质。

人们在认识活动中经常会遇到难以解决的问题，从而产生怀疑、困惑的心理状态。这种心理状态会促使人们寻求解决问题的方法，直至有新的发现。科学上许多重大发明和创新都是为了解决这些问题而取得的。可以说，创新源于问题的提出，只有发现问题，才会有创新的动力；没有问题就没有创新活动及创新思维。

质疑能够提高对事物的识别能力。培养质疑的态度需要保持怀疑精神，在怀疑中发现问题。善于发现问题的人总会对事物进行细致的观察、深入的探究和独立的思考。我们要学会成为生活中的有心人，处处留意观察细节、认真思考，这样才能发现问题。大疑大悟，小疑小悟，不疑不悟。当然，我们所说的怀疑是指理智的怀疑，而不是无端怀疑一切或否定一切。在提问和质疑中提出自己的独特见解，能够提高个人对事物的识别能力。

（三）积累知识和经验

创新思维是对知识和经验的再加工。知识和经验是创新思维产生的基础,同时也决定了创新思维的水平和质量。知识和经验越丰富,观察问题越敏锐,越容易开拓创新思维活动的新领域;知识和经验的层次越高,创新思维的水平和层次也就越高。

丰富的知识和经验有益于激发创新思维。人类经历了数千年的探索活动,积累了浩若烟海的知识,形成了各门学科的坚实基础和丰富的科学知识与方法体系。创新思维依赖于各种知识和长期经验的积累,是在各方面知识和经验的交汇、渗透和综合中产生的。知识和经验越丰富,视野就越开阔,思考就越宽广、越深入。因此,积累知识、总结经验对于培养创新思维至关重要,大学生应加强学习、开阔视野、总结经验,不断激发创新思维。

三、创新思维的基本方法

(一)头脑风暴法

头脑风暴法又称智力激励法、自由思考法。这种方法是通过一种别开生面的小组畅谈会,在较短的时间内充分发挥群体的创造力,从而获得较多的创新设想。当某个与会者提出新的设想时,这种设想就会激发小组内其他成员的联想。当人们卷入"头脑风暴"的洪流之后,各种各样的构想就像燃放鞭炮一样,点燃一个,引爆一串。头脑风暴一般基于以下规则。

(1)不允许对别人的意见进行批评或反驳,任何人不作判断性结论。

(2)鼓励每个人独立思考、广开思路,提出的改进设想越多越好,越新越好,允许相互之间存在矛盾。

(3)集中注意力,针对目标,不私下交谈,不干扰别人的思维活动。

(4)可以补充和发表相同的意见,使某种意见更具说服力。

（5）参加会议的人员不分上下级，平等相待。

（6）不允许以集体意见来阻碍个人的创造性设想。

（7）参加会议的人数不超过 10 人，时间限制在 20 分钟到 1 个小时。

头脑风暴的目的在于创造一种自由奔放的思考环境，诱发创造性思维的共振和连锁反应，产生更多的创造性思维。有时，讨论 1 小时能产生数十个乃至几百个创造性设想。

（二）绘制思维导图

思维导图以放射性思考为基础，是一种简单、高效的思维工具。思维导图以图解的形式和网状的结构存储、组织、优化和输出信息，是大脑自身语言的表现，具有焦点集中、主干发散、层次分明、节点相连等特征，同时由于使用不同的图形、颜色和代码，能帮助人们联想记忆，增强创造性。

思维导图能促进大脑发散性思维的发展，作为一种思维训练工具，其作用主要体现在以下几个方面。

第一，训练大脑的发散性思维和形象思维。我们日常的思维方式一般是一种发散性思维方式。比如看到"苹果"这个词，可能马上会想到甜、苹果树和香蕉等。思维导图这种表达方式就是以某一内容为中心，通过发散性思维来概述具体内容，因此能促进大脑发散性思维的发展。此外，由于它本身有一定的形象性，因此有利于锻炼大脑的形象思维。

第二，训练思维的条理性。平日我们读完一本书往往思绪混乱、无头绪，思维导图能帮助我们有条理地对文章内容进行归纳。这样，思维的严密性和条理性便在运用思维导图的过程中得到了训练。

第三，培养概括能力。概括能力是人的一种基本思维能力。这种能力是人综合素质的一种反映。思维导图在表述方式上要求写在主干与分支上的文字内容是具有高度概括性的词组或短语，最初使用时可能不适应，但经常使用必然会促进概括能力的提高。

第四,培养整体认知能力。我们在阅读的过程中往往只注意到内容的细节,而忽略了主要情节。看一本伟人传记,记住的往往是伟人的某方面或某几件事,而不是伟人人生各个阶段的基本经历。这一方面反映了我们平时没有整体认知的习惯,另一方面也反映了我们整体认知能力薄弱。思维导图这种表述方式强调的不是细节,而是主体,所以经常应用思维导图有利于培养人的整体认知习惯与能力。

第五,提高学习兴趣。纯文字的表述方式枯燥无味,思维导图图文并茂的表述方式有利于调动人的学习兴趣。

(三)检核表法

奥斯本检核表法是由创造学和创造工程之父亚历克斯·奥斯本(Alex Osborn)提出的一种产生创意的方法。检核表即"检查一览表"或"检查明细表",其作用是为对照检查提供依据,从各个角度引发多种创造性设想,以促进创造发明、革新或者解决工作中的问题。奥斯本检核表法被誉为"创造之母",人们运用这种方法产生了很多杰出的创意,以及大量的发明创造。

奥斯本检核表法的核心是改进,而且是通过变化来改进。其基本做法是首先选定一个要改进的产品或方案;其次针对这个需要改进的产品、方案或问题,从不同角度提出一系列问题,并由此产生大量的思路;再次,根据第二步提出的思路,进行筛选和进一步思考、完善。

案例:

如何实现从普通手机到智能手机的创新跨越

序号	检核项目	产生的创意
1	能否他用	增加娱乐装置、定位装置
2	能否借用	作为随身掌上电脑
3	能否改变	去掉键盘
4	能否扩大	扩大屏幕,提高可视性
5	能否缩小	减轻重量,减薄厚度
6	能否代用	用指纹识别代替密码输入
7	能否调整	摄像头能否变成 360 度可旋转,用一个摄像头实现多方位拍摄
8	能否组合	手表手机、眼镜手机等

(四)综摄法

综摄法是美国人戈登(Gordon)发明的一种开发潜在创造力的方法。它是以已知的东西为媒介,把毫不关联、互不相通的知识要素结合起来创造出新的想法,也就是摄取各种产品和知识的精粹,综合在一起创造出新的产品或知识,故名综摄法。这样可以帮助人们发挥潜在创造力,打开未知世界的窗口。综摄法有两个基本原则。

(1)异质同化,即"变陌生为熟悉"。这实际上是综摄法的准备阶段,是指对待不熟悉的事物要用熟悉的方法、原理和已有的知识去分析它,从而提出新设想。

（2）同质异化，即"变熟悉为陌生"。这是综摄法的核心，是指对熟悉的事物、方法、原理和知识，用不熟悉的态度去观察分析，从而启发出新的创造性设想。

（五）模仿创新法

模仿法，又称示范法、观察法，是由社会学习理论发展而来的。社会学习理论认为，人有许多复杂的行为是不可能简单地通过经典条件反射和操作条件反射来控制或改变的，必须通过观察、示范、学习、模仿才能获得。我们常说的"近朱者赤、近墨者黑"就是这个道理。

模仿创新即通过模仿而进行的创新活动，一般包括完全模仿创新、模仿后再创新两种模式。只有在模仿的基础上创新和改革，我们才会形成自己独特的理念、产品和模式。仿生学现在已经发展成为专门的学科，这是模仿创新法的经典应用。如受蜂巢结构启发而发明的防爆轮胎，大大降低了由于爆胎而引发的事故率。

（六）移植法

移植法是将某个学科、领域中的原理、技术、方法等，应用或渗透到其他学科、领域中，为解决某一问题提供启迪、帮助的创新思维方法。移植法的原理是将各种理论和技术转移，一般是把已成熟的成果转移、应用到新的领域，用来解决新的问题。因此，移植法是现有成果在新情境下的延伸、拓展和再创造。

移植法可以从原理移植、技术移植、方法移植、结构移植、功能移植、材料移植、利益移植等方面进行切入，发现与利用事物之间的相似性，形成联想，这是运用移植法的要领。在运用移植法时，一般有两种思路：一是成果推广型移植,即把现有科技成果向其他领域铺展、延伸的移植,其关键是在理清现有成果的原理、功能及使用范围的基础上,利用发散思维寻找新载体;二是解决问题型移植,即从研究的问题出发,通过发散思维找到现有成果,通过移植使问题得到解决。

（七）逆向思维法

逆向思维也叫作反向思维,是从完全相反的、对立的角度思考问题,不按照通常思考问题的顺序进行,即所谓的"背道而驰"。世界上许多事物之间相互联系、相互作用,事物甲能够产生事物乙,事物乙反过来也能产生事物甲。逆向思维是把事物倒过来想。例如,司马光"砸缸"就是一种逆向思维。按常规必须把小孩从水里拉出来,司马光砸破缸是让水离开人,同样达到了救人的目的。

第三节　创新思维与职业发展

一、创新思维对职业发展的意义

创新思维能够帮助个人在职场中更好地适应变化、解决问题,其对大学生职业发展有重大意义。

（一）增强就业竞争力

创新思维能够帮助个人和组织在竞争激烈的环境中保持竞争优势,它能够创造新的市场机会,提高效率和创造力,并更好地满足不断变化的需求。在快速变化的社会和职场环境中,拥有创新思维的大学生能够展现出独特的优势,更容易吸引雇主的关注。他们能够提出新颖的想法和解决方案,使自己在众多求职者中脱颖而出。因此,创新思维能够帮助大学生适应新挑战,增强就业竞争力。

(二)开拓职业选择

创新思维有助于大学生发现传统职业之外的新兴领域和机会,从而拓宽职业选择的范围,创造出属于自己的独特职业道路,而不仅仅局限于常规的就业方向。

(三)提升创业成功率

对于有创业意向的大学生,创新思维是创业成功的关键,它可以帮助他们发现新的商业机会,设计独特的商业模式,提高创业项目的竞争力。

(四)适应职场变化

现代职场变化迅速,新技术、新趋势不断涌现。创新思维使大学生能够更快地适应这些变化,灵活调整自己的职业规划和发展策略。

(五)促进个人成长

创新思维是个人成长和专业发展的推动因素。培养创新思维的过程中,大学生需要不断学习、思考和实践,这有助于提升他们的综合能力和素质,包括批判性思维、问题解决能力、沟通协作能力等,为职业发展打下坚实的基础。

（六）建立良好的职业形象

展现出创新思维的大学生在工作中更容易给同事和上级留下深刻的印象，树立起积极、进取、有创造力的职业形象。

（七）推动社会进步与行业发展

创新思维是科技进步和社会发展的动力，它能够促进产生新的想法、新的产品和服务，推动社会和组织不断发展和进步。进入职场后，具有创新思维的大学生有可能为所在行业带来新的理念和方法，推动行业的进步和发展。

（八）增加职业满意度

从事具有创新性的工作能够带来更多的成就感和满足感，提高大学生对职业的满意度，降低职业倦怠的风险。

二、新兴职场对创新的要求

新兴职场对创新的要求日益凸显，这主要源于快速变化的市场环境、技术进步以及消费者需求的多元化等方面。

（一）多项技能创新

（1）跨界整合技能。新兴职场要求员工具备跨领域的知识和技能，能够跨越不同行业、领域和文化的界限，整合各种资源、技术和知识，以创造新的价值。这种跨界整合技能在解决复杂问题时尤为重要。

（2）数字技能。随着数字化转型的加速，掌握数据分析、人工智能、编程等数字技能不仅能帮助员工更高效地处理数据,还能推动产品和服务的创新。

（3）持续学习技能。新兴职场变化迅速,要求员工具备持续学习的技能,不断吸收新知识、新技能,以适应不断变化的职场环境。终身学习成为职场竞争力的重要组成部分。

（4）问题解决技能。面对快速变化的市场环境和消费者需求,新兴职场要求员工具备快速响应和解决问题的技能,以迅速适应市场变化,满足消费者需求。

（二）思维模式创新

（1）创新思维。新兴职场鼓励员工打破常规思维,勇于挑战传统观念和方法,提出新颖、独特且有价值的观点。创新思维是推动产品和服务创新的关键。

（2）批判性思维。在面对复杂问题时,新兴职场要求员工具备批判性思维,能够独立思考,分析问题本质,提出有效的解决方案。

（3）创新实践。新兴职场鼓励员工将创新思维付诸实践,通过不断尝试和改进,推动产品和服务的创新。同时,企业也会提供必要的资源和支持,以促进员工的创新实践。

（三）工作模式创新

（1）工作制度灵活。新兴职场越来越注重员工工作与生活的平衡,提倡灵活的工作制度,如远程办公、弹性工作时间等。这要求员工具备更强的自律性和时间管理能力。

（2）团队合作与沟通。在远程办公和跨部门合作成为常态的情况下,新兴职场要求员工具备良好的团队合作和沟通能力,以确保信息的顺畅传递和项目的有效推进。

（四）文化与价值观创新

（1）包容性文化。新兴职场倡导包容性文化，尊重员工的多样性和差异性，鼓励员工表达自己的观点和想法。这种文化氛围有助于激发员工的创造力和创新精神。

（2）社会责任与可持续发展。随着全球环境问题的日益严峻，新兴职场要求企业关注社会责任和可持续发展，推动绿色办公、减少碳排放等环保措施的实施。这要求员工具备更强的环保意识和社会责任感。

新兴职场对创新的要求涵盖了技能与知识、思维模式、工作模式以及文化与价值观等多个方面。这些要求不仅推动了职场环境的变革，也为员工带来了更多的发展机遇和挑战。

三、创新思维在大学生职业规划中的具体应用

（一）创新目标设定

传统的职业规划往往侧重于寻找稳定的工作岗位和职业发展路径，而创新思维则鼓励大学生设定更加个性化、前瞻性的职业目标。这意味着大学生在规划职业生涯时，不仅要考虑自身的兴趣、能力和市场需求，更要勇于跳出传统框架，探索新兴领域或跨界融合的机会。例如，随着人工智能、大数据、云计算等技术的兴起，学生可以设定"数字营销专家""人工智能伦理顾问"等新兴职业目标。设定创新目标还需具备动态调整的能力。面对快速变化的市场环境，大学生应学会定期审视并调整自己的职业规划，确保目标始终与时代发展相契合。这要求他们保持对新技术的敏感度，关注

行业动态,灵活调整职业方向。

(二)创新行业分析

行业分析是职业规划的基础,创新思维要求大学生不能仅停留在对现有行业的理解上,更要具备预测未来趋势的能力。这包括对新兴技术的跟踪、消费者行为变化的洞察以及对全球政治经济格局的把握。例如,通过分析可持续发展趋势,学生可能会发现绿色能源、环保科技等领域的巨大潜力,从而将这些领域作为职业规划的重点方向。创新思维还体现在对行业边界的拓展上。大学生应勇于跨界思考,探索不同行业间的融合点,如将艺术与科技相结合,发展数字艺术创作,将医学与信息技术结合,推动远程医疗的发展等。这种跨界的视角不仅能拓宽职业选择范围,还能激发新的创意和服务模式,为个人职业发展带来无限可能。

(三)创新技能提升

在知识爆炸的时代,单一的专业技能已难以满足职业发展的需求。创新思维强调大学生应构建多元化的技能组合,包括硬技能和软技能。硬技能方面,除了扎实的专业知识外,还应掌握数据分析、编程、人工智能等新兴技术;软技能则涵盖沟通、团队协作、创新思维、领导力等,这些都是未来职场不可或缺的能力。

另外,大学生应树立终身学习的理念,通过在线课程、工作坊、实习实践等多种途径不断充实自己,紧跟时代步伐。创新思维鼓励大学生主动探索未知领域,勇于尝试新事物,即使面对失败也能从中学习,不断提升自我。

(四)创新路径规划

如今,职业规划的路径不再局限于直线上升的传统模式,创新思维倡导的是多元化、灵活性的职业路径。大学生可以根据自己的兴趣和市场需求，选择"螺旋式上升"或"跳跃式"的职业发展路径。例如，通过短期项目、实习、创业等多种方式积累经验，再根据自身成长情况选择合适的时机跳槽或转行，实现职业生涯的飞跃。利用网络平台和社交媒体，大学生可以创建自己的品牌，扩大职业网络，为自己创造更多机会。在线展示个人作品、参与行业论坛、建立专业社群等方式，不仅能提升个人影响力，还能在无形中拓宽职业道路。

（五）创新应对挑战

职业规划过程中不可避免地会遇到各种挑战，如就业竞争加剧、行业变革快速等。创新思维要求大学生面对挑战时，能够保持乐观态度，积极寻找解决方案，而不是逃避或抱怨。例如，面对人工智能对传统行业的冲击，学生可以通过学习编程、数据分析等技能，转型为人工智能应用领域的专业人才，或者利用 AI 技术优化现有工作流程，提升工作效率。培养适应性和韧性也是应对挑战的关键，大学生应学会在不确定的环境中寻找机遇，保持灵活性和创造力，勇于接受新角色、新任务，不断提升自己的适应能力和解决问题的能力。

拓展阅读

增强创新意识　培养创新思维
——推进党和国家各项事业的科学思想方法

提高创新思维能力，就是要有敢为人先的锐气，打破迷信经验、迷信本本的惯性思维，以满腔热忱对待一切新生事物，敢于说前人没有说过的新话，敢于干前人没有干过的事情，以思想认识的新飞跃打开工作的新局面。

　　坚持创新思维,跟着问题走、奔着问题去,准确识变、科学应变、主动求变,才能在把握规律的基础上实现变革创新,不断推动事业向前发展。

　　实施自贸试验区提升战略,注册资本登记制度改革、"先照后证"改革等推广开来,制度创新激发发展活力;仰望寰宇有"嫦娥"奔月、"天问"落火,逐梦海疆有"深海勇士"号、"奋斗者"号深潜,科技创新拓宽认知边界;敦煌研究院通过数字孪生技术还原洞窟壁画、让文物"重现",三星堆博物馆运用增强现实、混合现实技术为游客提供沉浸式体验,文化创新增强文化自信……创新才能把握时代、引领时代,党的十八大以来,我国各方面创新层出不穷,为经济社会发展提供了澎湃动能。

　　纵观人类发展历史,创新始终是一个国家、一个民族发展的重要力量,也始终是推动人类社会进步的重要力量。不创新不行,创新慢了也不行。习近平总书记强调:"要增强创新意识、培养创新思维,展示锐意创新的勇气、敢为人先的锐气、蓬勃向上的朝气。"创新思维能力,就是破除迷信、超越陈规,善于因时制宜、知难而进、开拓创新的能力。提高创新思维能力,就是要有敢为人先的锐气,打破迷信经验、迷信本本的惯性思维,以满腔热忱对待一切新生事物,敢于说前人没有说过的新话,敢于干前人没有干过的事情,以思想认识的新飞跃打开工作的新局面。

　　创新是一个复杂的社会系统工程,涉及经济社会各个领域。当今世界,经济社会发展越来越依赖于理论、制度、科技、文化等领域的创新,国际竞争新优势也越来越体现在创新能力上。习近平总书记指出,"勇于推进理论创新、实践创新、制度创新、文化创新以及其他各方面创新,通过革故鼎新不断开辟未来"。推进中国式现代化是一个探索性事业,还有许多未知领域,需要我们在实践中去大胆探索,通过改革创新来推动事业发展,决不能刻舟求剑、守株待兔。在强国建设、民族复兴的新征程上,我们必须提高创新思维能力,顺应时代发展要求,着眼于解决重大理论和实践问题,积极识变应变求变,大力推进改革创新,不断塑造发展新动能新优势,充分激发全社会创造活力。

问题是创新的起点,也是创新的动力源。社会总是在发展的,新情况新问题总是层出不穷的,其中有一些可以凭老经验、用老办法来应对和解决,同时也有不少是老经验、老办法不能应对和解决的。从某种意义上说,创新的过程就是发现问题、研究问题、解决问题的过程。习近平总书记指出:"我们要增强问题意识,聚焦实践遇到的新问题、改革发展稳定存在的深层次问题、人民群众急难愁盼问题、国际变局中的重大问题、党的建设面临的突出问题,不断提出真正解决问题的新理念新思路新办法。"改革攻坚要有正确方法,坚持创新思维,跟着问题走、奔着问题去,准确识变、科学应变、主动求变,才能在把握规律的基础上实现变革创新,不断推动事业向前发展。

没有创新思维,就难以有创新的行动和实践。只有不断提高创新思维能力,让创新成为一种习惯和本能,我们才可能以求新求变的活力冲破守成的暮气,闯出一片新的天地。要求黑龙江"构筑我国向北开放新高地",叮嘱四川"积极探索生态产品价值实现机制",要求江苏"不断创新吸引外资、扩大开放的新方式新举措",推动内蒙古"积极探索资源型地区转型发展新路径"……习近平总书记在各地考察时,对各地提出的要求、期望,正需要以深化改革创新来落实。对党员干部而言,要把创新思维转化为创新能力,敞开思想谋划新思路、放开手脚追求新突破,努力想新办法、找新出路,创造新经验、开创新局面,不断实现新时代新征程的目标任务。

中华文明是革故鼎新、辉光日新的文明,静水深流与波澜壮阔交织;中华民族始终以"苟日新,日日新,又日新"的精神不断创造自己的物质文明、精神文明和政治文明。不断提高创新思维能力,保持守正不守旧、尊古不复古的进取精神,涵养不惧新挑战、勇于接受新事物的无畏品格,大胆闯、大胆试,我们定能不断谱写"惟创新者进,惟创新者强,惟创新者胜"的更辉煌篇章。

（来源:《人民日报》,2023 年 9 月 18 日第 5 版）

思考与练习

1.还记得乌鸦喝水的故事吗？请发挥你的想象力,让创新思维版的乌鸦喝到水吧。

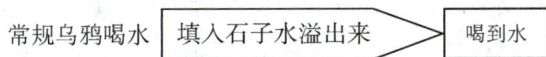

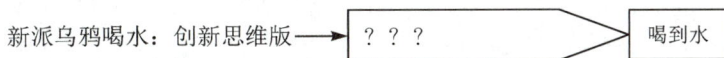

常规乌鸦喝水　填入石子水溢出来　→　喝到水

新派乌鸦喝水:创新思维版　→　？？？　→　喝到水

2.阅读以下材料,回答问题。

锅和灶

一个年轻的摄影记者带着家人到海边度假。因为职业习惯,他总是留心观察那些有意义的生活画面。他连续数天在海边散步时都发现,有一位老渔夫总会在打上一网鱼时，将网里面的大鱼都扔到海里，而只留下一些很小的鱼带回去。年轻的摄影记者觉得很奇怪，决定去问问老渔夫其中的原因。

"请问你为什么总是把费尽力气捕到的鱼扔回海里呢？如果是因为发善心，那你应该将小鱼放生呀！我实在想不明白你这样做的原因。"

"有什么好奇怪的，因为我家的锅太小了，大个儿的鱼根本没法下锅，所以我才把大鱼都扔回海里。"

摄影记者感到不可思议，于是问道："那你们为什么不换一口大一点儿的锅呢？这样一家人不是每天都可以吃到美味的大鱼了吗？"只听老渔夫说："那怎么可以呢？我家的锅是和灶相配套的，灶只有那么大，锅太大了岂不是没法烧火做饭？"

年轻的摄影记者仿佛找到了事情的根源，他对老渔夫说："这还不好办？重新垒一个灶，然后换一口大一点儿的锅，这样一来，问题不就全部解决了吗？这不是比每天都要花时间把好不容易捞上来的大鱼扔回海里强百倍吗？"

老渔夫说："这灶和锅都是我爷爷留给我父亲的，然后我父亲又留给了我，我只知道如何靠这副锅灶来做饭，却从来不知道怎样垒一个新灶、换一口大锅。即使有人帮我换一副锅灶，我也不知道如何用新的锅灶做饭，因为父亲当年没告诉我。"听完老渔夫的话，年轻的摄影记者实在不知道该说些什么好。

该案例给你什么启示？

知识目标

1. 理解职业决策的重要性及其对个人职业生涯规划的影响。

2. 掌握职业决策的基本步骤和方法。

3. 掌握制订职业生涯规划的方法。

能力目标

1. 学会运用生涯规划理论和工具,制订个人职业发展规划。

2. 具备进行职业决策和生涯规划的实践能力,为未来的职业生涯作好准备。

素质目标

1. 提升职业素养。

2. 培养适应变化、持续学习和职业转换的能力。

3. 培养良好的适应能力。

学习重点

1. 职业决策的重要性。
2. 职业生涯规划理论和工具。
3. 职业生涯决策方法。

案例导入

小李是某大学汉语言文学专业的大一新生，为了毕业后能顺利就业，她想提前规划好自己的职业生涯，但不知道自己在毕业后应该从事什么工作，于是向朋友们寻求意见。

"汉语言文学专业的学生可以考虑考教师资格证，以后做语文教师，成为一名'人类灵魂的工程师'。"

"汉语言文学专业的同学普遍具备较强的表达能力和写作能力，在公务员考试中，岗位的选择面也比较大，考公务员是一个好选择。公务员为人民服务，是一个理想的职业。"

"汉语言文学专业能够选择很多工作，如记者、编辑、策划、文秘、宣传、文案等。"

朋友们七嘴八舌地提出了很多建议，她发现自己有好多职业可以选择，这些职业各有优点，工作内容各异，一时间难以作出决断，她更不知道自己应该做什么工作了。

案例思考

1. 为什么小李无法确定自己未来想要从事的职业？

2.如果你遇到小李这样的情况,接下来会怎么办?

第一节　认识职业决策

职业决策是每个人在职业生涯中都必须面对的重要环节。一个明智的职业决策不仅能帮助个人找到满意的职业方向,还能使个人在职业发展道路上走得更加稳健。

一、职业决策的内涵

职业决策是指个体在职业生涯规划和职业发展过程中,根据自身的兴趣、能力、价值观和外部职业市场环境,通过一系列的思维活动和决策技巧,确定职业目标、选择职业道路、制订实施计划并付诸行动的过程。职业决策是职业生涯成功的关键,它能帮助个体找到适合自己的职业方向,实现个人价值。

二、职业决策的类型

(一)理智型

特征:以周全的探求和对选择的逻辑性评估为特征。

描述:理智型的决策者以理性分析为基础进行职业决策。这类决策者会评估决策的长期效用,并以事实为基础作出决策。他们倾向于综合全面地收集信息,进行理智思考和冷静的分析判断。

影响:理智型决策风格是比较受推崇的决策方式,它强调综合全面地收集信息、理智的思考和冷静的分析判断,是其他风格的个体需要培养的一种良好的思考习惯。

(二)直觉型

特征:依赖直觉和感觉为特征,比较关注内心的感受。

描述:直觉型的决策风格以自我判断为导向,在信息有限时能够快速进行决策,并能在发现错误时迅速改变决策。

影响:由于以个人直觉而不是理性分析为基础,这类决策发生错误的可能性较大,因此,易造成决策的不确定性。

(三)依赖型

特征:以寻求他人的指导和建议为特征。

描述:依赖型的决策者往往不能够承担自己做决策的责任,允许他人参与决策并共同分享决策成果。他们容易受到他人的正面评价,但也可能因为简单模仿他人的行为导致负面的反应。

影响:依赖型的决策者需要理解生活中重要他人对自己的影响程度,以及他人在自己决策过程中所能起到的不同作用。

(四)回避型

特征:以试图回避作出决策为特征。

描述:回避型的决策风格表现为拖延、不果断。这类决策者往往因为害怕出现错误决策而采取回避的态度,不承担做决策的责任,不思考也不寻求帮助。

影响:这种决策风格容易导致问题变得更加复杂和难以控制。只要决策者意识到自身的决策风格及其可能造成的危害,努力调整,增强职业规划的意识和动机,就有可能从根本上得到改善。

(五)自发型

特征:以渴望即刻、尽快完成决策为特征。

描述:自发型的个体往往不能够容忍决策的不确定性,以及由此带来的焦虑情绪。他们倾向于基于一时的冲动,在缺乏深思熟虑的情况下进行决策。

影响:这类决策风格常常给人果断或者过于冲动的感觉,决策者需要注意避免因一时冲动而导致的决策失误。

这些职业决策类型并不是完全独立的,个体在职业决策过程中可能会混合使用不同的决策风格。了解这些类型的差异有助于个体更好地认识自己的决策风格,并在需要时作出适当的调整。

三、职业决策的原则

职业决策不单是简单拟定职业发展的方向,而是要对整个职业生涯的发展进行长远的展望。如果职业决策太过草率肤浅,职业生涯规划后续的发展便失去了支撑,容易让人丧失奋斗的热情,不利于职业生涯的长远发展。大学生在进行职业决策时,需要考虑的因素有很多,主要可以从生存发展的需要,个人的兴趣、能力、价值取向以及社会需求等方面进行综合衡量。总体来说,职业决策有以下四个原则。

(一)兴趣发展原则

职业生涯规划的核心为从事一项自己喜欢的工作。一个人从事自己喜欢的工作时,可以有效地将热情转化成兴趣,并最终形成从事该项工作的长久动力。兴趣是最好的老师。在进入大学、开始独立生活以后,大学生会经历各自不同的学习和成长阶段,这时兴趣和爱好虽然变得十分广泛,但如果缺乏长久的兴趣和长远的计划,当需要选择其中一项作为终身事业时,往往会显得无所适从。所以,大学生在进行职业决策时,不仅要选择自己喜欢的职业方向,还要主动去培养自己的职业兴趣。

(二)社会需求原则

一个人职业生涯的成功,除了需要有良好的规划外,还需要迎合社会的需求。然而,时代快速发展,社会需求也随之发生了巨大的改变,新的社会需求不断涌现,旧的社会需求逐渐消亡,这就给职业决策提出了新的难题。由此可见,大学生进行职业决策时,不仅要考虑个人原因,还应该结合时代背景选择既满足社会需要又符合时代长远发展的职业方向。

(三)能力胜任原则

职业生涯发展的核心为从事一项自己擅长的工作,而从事任何职业都需要具备相应的职业技能,以满足职业岗位的需要。大学生在制订职业规划时,要认真分析自己的优缺点,根据能力特征和个性特点,选择一个自己既喜欢,又有能力胜任的工作领域,以便最大限度地发挥个人的价值。

(四)利益整合原则

职业生涯维持的核心为从事一项收益相当的工作。职业作为个人谋生的手段,其目的在于追求物质和精神上的满足,并最终实现个人的幸福。影响一个人职业决策的因素,除了兴趣和特长等内在因素外,还涉及职业回报、行业发展状况和发展前景等因素。所以,大学生在进行职业决策时,不仅要考虑个人预期的经济收益,还要考虑精神需求的满足和发展前景等因素,最终在收入、社会地位、成就感和工作付出之间达到平衡,使个人在整个职业生涯的发展过程中获得收益的最大化。

四、职业决策的过程

（一）目标设定

目标设定是职业决策的第一步。在明确自己的职业目标时,需要充分考虑个人的兴趣、能力和价值观,同时结合外部职业市场的需求和趋势,确定具体、可衡量的职业目标。目标设定有助于个体在职业决策过程中保持方向性和针对性。

（二）信息搜集

信息搜集是职业决策的基础。在进行职业决策之前,需要广泛搜集与职业相关的信息,包括职业特点、行业发展趋势、市场需求、薪酬待遇等。信息搜集有助于个体全面了解职业市场的现状和未来趋势,为职业决策提供有力的依据。

（三）自我评估

自我评估是职业决策的关键环节。通过自我评估,个体可以深入了解自己的兴趣、能力、性格和价值观等方面的特点,明确自己的优势和劣势。自我评估有助于个体在职业决策过程中,找到适合自己的职业方向,避免盲目性和随意性。

（四）选项对比

在搜集了足够的信息并进行了自我评估之后，个体需要对比不同的职业选项。通过对比不同职业的特点、要求、发展前景等方面的信息，个体可以更加清晰地了解各个职业的优势和劣势。在对比职业选项时，可以采用SWOT分析等方法，全面评估各个职业的优缺点。

（五）确定决策

确定决策是职业决策的核心环节。在对比了不同的职业选项之后，个体需要综合考虑各种因素，权衡利弊得失，进行明智决策。在确定决策的过程中，可以采用多种决策方法，如直觉决策、理性决策、感性决策等，以确保决策的科学性和合理性。

（六）行动计划

在确定了职业决策之后，个体需要制订具体的行动计划来实现职业目标。行动计划应该包括具体的步骤、时间表等信息。在制订行动计划时，要充分考虑自身的实际情况和市场需求，确保计划的可行性和有效性。同时，还要关注行动计划的执行和监控，确保计划的顺利推进。

（七）风险评估

在职业决策过程中，风险评估是不可或缺的环节。个体需要识别并评估可能面临的风险和挑战，确定相应的应对策略。风险评估有助于个体在职业决策过程中保持清醒的头脑和理性的态度，降低风险对职业生涯的影响。

（八）调整优化

职业决策是一个动态的过程,需要不断地调整和优化。在职业发展过程中,个体需要根据实际情况和市场变化,及时调整自己的职业目标和行动计划。同时,还要不断学习和提升自己的能力素质,以适应职业市场的需求和发展趋势。

第二节　职业决策的方法

职业决策的目的是寻找和优化职业生涯发展方案。由于职业决策与大多数即时决策不同,整个过程中没有固定的选项和思维模式,所以,具体作出的选择在现实条件和要求之间就可能存在不同程度的冲突。为了解决这些冲突,大学生需要掌握一些职业决策方法。

一、"5W"分析法

职业决策"5W"分析法是一种有效的职业规划和决策工具,它通过对五个核心问题的思考和回答,帮助个体明确自己的职业目标和发展路径。这五个问题分别是:What(什么)、Why(为什么)、Who(谁)、Where(哪里)和When(何时)。

（一）What(什么)

明确职业目标:确定自己想要在职业生涯中实现的具体目标。这些目标可以是长期目标,如成为某个领域的专家、担任高级管理职位等,也可以是短期目标,如获得某种技能、完成某项工作任务等。

了解职业需求:了解目标职业所需的专业知识、技能和能力,以及相关的资格认证和学历要求。

(二)Why(为什么)

分析动机和价值观:探究自己选择该职业目标的深层次原因,包括个人兴趣、爱好、激情以及职业发展对个人成长和满足感的意义。

明确职业意义:理解目标职业对个人和社会的价值,以及它如何符合自己的价值观和职业期望。

(三)Who(谁)

识别关键人物:识别在职业发展过程中起重要作用的人,如导师、同事、行业专家等,并考虑他们的建议和支持。

建立人际网络:主动建立和维护职业发展中的人际关系网络,以便获取更多的信息和资源。

(四)Where(哪里)

确定行业或领域:选择自己希望发展的行业或领域,并了解该行业的现状、发展趋势和竞争态势。

考虑工作地点:根据自己的喜好、家庭情况和生活需求,选择适合自己的工作地点。

(五)When(何时)

设定时间框架:为实现职业目标设定一个具体的时间框架,包括短期、中期和长期的时间节点。

制订计划:根据时间框架,制订详细的职业发展规划和行动计划,确保每一步都有明确的目标和计划。

在不同的情况下或不同个体间,具体的提问内容可能有所差异,但大体的方向和原则是一致的,此处可以将具体的问题分解成以下内容。

(1)个人特征。根据自身状况进行感知,这需要大学生对自己有一个清晰而深刻的认识,把个人的性格特征、特长、能力等方面的优势挖掘出来,可以更加清晰地明确目标的范围。

(2)个人喜好。虽然随着年龄和经历的增长,每个人在不同阶段的兴趣发展不完全相同,但兴趣对职业的发展有导向作用是毋庸置疑的,因而可据此来锁定一个人的职业发展方向。

(3)个人潜能。个人除了要考虑自己的性格和特长等因素外,对自身潜在能力的分析和预测也十分重要。职业的成功依赖于个人的能力,但职业发展的空间往往受个人能力的限制。个人通过对自身潜能的考查,可以进一步缩小职业决策的目标范围。

(4)环境许可。职业的发展与环境相适宜是十分必要的,这就要求大学生在作决断时,需考虑影响职业环境的各种因素,从政治环境、经济环境、法治环境、科技环境和文化环境等方面进行综合考量。

(5)职业目标。个体可对前 4 个问题进行筛选,将可能的职业方向范围进一步缩小。这时候需要有一个明确的目标来指引职业生涯规划的实施,从而确立个人职业生涯发展的最佳方向。

通过上述分析,大学生可以逐步缩小目标的范围,结合实现过程中的各种条件,找到最适合自己的职业目标。

二、SWOT 分析法

在职业决策过程中,我们需要全面了解自己的优势、劣势、机会和威胁,以便进行明智的决策。SWOT 分析法正是一种可以帮助我们实现这一目标的工具。它通过对内部因素(优势 S(Strengths)和劣势 W(Weaknesses))和外部因素(机会 O(Opportunities)和威胁 T(Threats))的综合分析,为职业决策提供了清晰的指导。

在职业决策中,个体可以将自己视为一个"小型组织",利用 SWOT 分析法来评估自己的职业竞争力和发展潜力。

(1)优势:优势指的是个体在职业发展过程中所拥有的独特能力、技能和资源。这些优势可以帮助个体在职业竞争中脱颖而出。例如,张三是一名软件工程师,他拥有扎实的编程基础、丰富的项目经验和良好的团队协作能力。这些都是张三在职业发展中的优势。

(2)劣势:劣势指的是个体在职业发展过程中存在的不足和短板。这些劣势可能会限制个体的职业发展。例如,李四是一名市场营销专员,他擅长活动策划和品牌推广,但在数据分析方面存在不足。这是李四在职业发展中的劣势。

(3)机会:机会指的是外部环境为个体职业发展提供的有利条件。这些机会可以帮助个体实现职业目标。例如,随着互联网的快速发展,网络安全领域的职业需求不断增长。对于一名网络安全专业的毕业生来说,这是一个巨大的职业机会。

(4)威胁:威胁指的是外部环境对个体职业发展构成的潜在威胁。这些威胁可能会阻碍个体实现职业目标。例如,随着人工智能技术的不断进步,一些传统行业的工作岗位可能会受到威胁。对于从事这些行业的个体来说,他们需要关注技术发展的趋势,及时调整自己的职业发展方向。

在运用 SWOT 分析法完成自我评估后,个体可以根据分析结果确定合适的职业决策。以下是一些可能的决策方向。

(1)利用优势抓住机会:发挥个体的优势,积极寻找和把握职业发展中的机会。例如,张三可以利用自己的编程能力和团队协作能力,积极参与公司的新项目开发,提升自己在公司内部的地位。

(2)弥补劣势应对威胁:针对个体的劣势和外部环境中的威胁,制订相应的改进计划。例如,李四可以参加数据分析培训课程,提升自己的数据分析能力,以应对市场竞争中数据分析的需求。

(3)调整目标或职业方向:根据 SWOT 分析的结果,调整自己的职业目标或职业方向。例如,如果某个职业领域的发展前景不佳,个体可以考虑调整自己的职业方向,转向其他更有发展潜力的领域。

三、CASVE 决策法

CASVE 决策法是一种用于职业决策和个人发展规划的系统性方法。它结合内在因素和外部环境分析,帮助个体在复杂的职业选择过程中进行明智的决策。CASVE 决策法由五个步骤组成:沟通(Communication),即考虑问题的关键因素;分析(Analysis),即寻求可行方案;综合(Synthesis),即评估方案可行性;评估(Valuing),即选择最佳方案;执行(Execution),即执行方案。

(一)考虑问题的关键因素

步骤一:明确职业问题。识别自己当前面临的职业问题或挑战,例如"我应该选择哪个专业?"或"我应该如何规划我的职业生涯?"。

步骤二:设定目标和限制。设定明确的职业目标,如"我希望在未来五年内成为一名产品经理";考虑可能的限制因素,如技能、兴趣、教育背景、市场需求等。

步骤三:收集和分析信息。通过实习、课程、网络、职业咨询等方式收集与职业目标相关的信息;分析这些信息,了解不同职业领域的发展趋势、薪资水平、工作内容等。

(二)寻求可行方案

步骤一:生成潜在解决方案。列出所有可能的职业路径或专业选择;考虑不同的行业、公司、职位等。

步骤二:评估方案。对每个方案进行详细评估,包括所需技能、兴趣匹配度、未来发展潜力等;使用SWOT分析(优势、劣势、机会、威胁)来评估每个方案的可行性。

步骤三:选择最佳方案。根据评估结果,选择最符合自己目标和限制条件的方案。

(三)评估方案可行性

步骤一:为方案打分。设定打分标准,如薪资、工作内容、公司文化等;根据标准为每个方案打分。

步骤二:综合比较。将不同方案的得分进行比较,找出得分最高的方案。

(四)选择最佳方案

步骤一:综合考虑。在选择方案时,不仅要看得分,还要考虑个人的兴趣、价值观等因素;考虑长期和短期的权衡,以及可能的风险和不确定性。

步骤二:确定最终方案。根据综合考虑,确定最终的职业选择或决策。

(五)执行方案

步骤一:制订行动计划。为实现职业目标,制订详细的行动计划,包括学习计划、实习计划、求职计划等。

步骤二:执行计划。严格按照行动计划执行,并不断监控和调整进度。

步骤三:调整和完善。在执行过程中,根据反馈和新的信息不断调整和完善行动计划;努力实现预期的职业目标和梦想。

四、职业决策平衡单

职业决策实际上是平衡多方利弊,最终作出最符合自身利益的决断。决策平衡单正是针对这一特点,根据个人的利益和需求,直接对预备选项进行筛选的。它经常被应用于实际问题的解决和职业咨询中。前面提到的职业决策方法都可以运用决策平衡单来进行最后的评估。其主体框架包括以下几个方面。

(1)内在物质层面的得失。

(2)外在物质层面的得失。

(3)内在精神层面的得失。

(4)外在精神层面的得失。

职业决策平衡单运用起来简单直观,大学生可以通过分析利弊得失,排出各个预备选项的优先顺序,从而得到最优的结果。其具体使用过程如下。

(1)列出预备的职业选项。需要列出有评估价值的潜在职业选项。

(2)各项考虑因素的加权计分。需要根据自身的实际情况进行考量,对各个栏目重要性进行权衡,即根据该栏目的重要程度,分别设定 1~5 的权重系数。

(3)判断各个职业选项的利弊。根据各个预备职业在物质和精神上的得失,逐一检视各个职业选项,用 0~10 的分值来衡量各个职业在对应栏目下的优势。

(4)计算出各个职业选项的得分。结合各个栏目的权重系数,计算出各个职业选项的加权总得分。

(5)排出各个职业选项的优先顺序。依据各职业选项在总分上的高低,排出优先次序,作为职业生涯决策的依据。

职业决策平衡单如表 6-1 所示。

表 6-1   职业决策平衡单

项目		权重系数	职业 1 得分	职业 2 得分	职业 3 得分	职业 4 得分
内在物质层面的得失	1. 经济收入					
	2. 升迁机会					
	3. 办公条件					
	4. 福利待遇					
	5. 其他					
外在物质层面的得失	1. 家庭的经济利益					
	2. 对家庭生活的影响					
	3. 社会资源的获取					
	4. 家庭社会地位					
	5. 其他					

续表

项目		权重系数	职业 1 得分	职业 2 得分	职业 3 得分	职业 4 得分
内在精神层面的得失	1. 兴趣一致性					
	2. 个性的适应性					
	3. 价值观的契合度					
	4. 个人精神世界的发展					
	5. 其他					
外在精神层面的得失	1. 家庭关系的维系					
	2. 友谊的增进和维系					
	3. 社会关系的培养					
	4. 福利待遇					

注:最后根据各项得分算出每个职业的总分

五、影响职业决策的因素

职业决策是每个人生活中至关重要的一步,它影响着我们未来的职业发展和生活质量。所以,大学生在进行具体的职业决策时,为了找到解决问题的突破口,可以参考职业生涯规划的相关指导理论。由于职业决策是因人而异的,大学生应该了解影响个人职业决策的因素,以便适应时代环境的发展趋势。

（一）个人因素

大学生是职业生涯规划的主体，在职业生涯规划的过程中，个人因素起着决定性作用。职业决策之所以受到多方面因素的影响，原因在于个人与环境之间的关系是高度复杂的，个人对环境及对自身因素的判断与取舍，影响职业生涯发展的空间和高度。大学生在进行职业决策时，一般会受个人综合素质、个人经济需求方面的影响，其中也不乏个人身心的即时状态等因素的影响。

1. 个人的综合素质

人们对事物的决断受到个人素养、学识、能力等因素的综合影响，这也是个人能力水平的客观表现。个人的综合素质包括以下4个方面。

（1）内在涵养。指的是个人修养、道德水平和文化涵养等内在层面的素质，一般可概括为心理素质、文化素质，以及在体育、文艺、美术、音乐等方面的特长或天赋。

（2）职业能力。包括表达能力、处世能力、组织能力和办公效率，以及公关能力和社交能力等。

（3）决断能力。包括认知能力、分析能力、逻辑思维能力和解决问题的能力等。

（4）创造能力。包括敏锐与独特的观察力、活跃的思维能力和实践创新能力等。

有针对性的学习能有效提高个人的决策能力。对大学生来说，应该从根源上认识自身的综合素质，以加强对职业决策的宏观掌控，实现最佳职业决策。

2. 个人的经济需求

职业报酬决定着一个人的生活水平和事业发展的空间，在很大程度上影响着个人的精神生活和社会成就感。因此,经济收益是大学生在职业选择中应该考虑的重要因素。商品经济的高度发展必然会导致金钱意识的提升,对职业观念处于萌芽阶段的大学生来说,对这方面的理解也许还不够透彻。因此,在职业生涯规划的过程中,大学生应在职业方向的选择上适当追求经济收入,充分考虑自身的经济情况,策划出较佳的职业生涯发展方案。

3. 个人身心的即时状态

个人身心的即时状态指个人在特定时期的心理环境、精神状况和情感因素等特征的总和。身心状态不但会受外界环境的影响,还会因个人心理素质的不同而呈现不同的表象。因此,身心状态具有明显的不确定性和即时性。在职业决策的过程中,每个人都会遇到各种各样的问题,要实现科学合理决策,就需要保证个人的身体、情绪和精神都处于较佳状态。

(二)社会因素

社会环境中的政治经济形势、产业结构和流行的价值观念,会形成不同的经济、历史和文化等社会条件,从而给个人带来不同的职业信息,这无疑会在不经意间对个人造成重大的影响。由此可见,与职业环境相关的社会因素都是影响职业决策的因素。

现阶段,人类正处于知识经济型社会,大学生对未来职业世界的判断和决策依赖于对职业环境和社会环境的认知。与职业环境相关的社会环境是多种多样的,大学生需要结合社会声望、政治因素及地域因素进行考虑,并根据实际情况适时调整策略,以适应职业生涯的整体发展。

(三)其他因素

人们对职业的认识及职业决策的能力是不断成长的,在影响职业决策的所有因素中,除了社会因素和个人因素外,还有来自家庭因素和其他环境因素的影响。充分整合影响职业生涯发展的各个因素,有利于增加职业决策的合理性。

1. 家庭因素

家庭环境对职业生涯的发展有直接的影响,其中既有积极的影响,也不乏消极的影响。由于受到我国传统家庭观念的影响,大学生在职业生涯决策和规划的过程中,在很大程度上会受到家庭因素的制约,其中主要包括家庭经济状况、家庭价值观念和家庭社会关系。

(1)家庭经济状况。家庭经济状况直接影响大学生受教育的能力和对职业生涯的态度,影响其对精神生活的追求,对大学生的性格、能力和兴趣的形成有较大影响。

(2)家庭价值观念。受父母教育背景的影响,父母和亲人的价值观念共同决定着家庭的期望,从而在很大程度上决定了大学生的发展方向。

(3)家庭社会关系。家庭社会关系能为大学生提供相关就业资源和行业相关信息,从而使大学生的职业生涯规划存在很大的灵活性。

2. 其他环境因素

影响职业生涯规划的因素是多方面的,同样,影响职业决策的条件也是多种多样的,这就给大学生决策带来了难题。大学生会寻求相关的案例或征求他人的看法来坚定自己的信念,使一些本与自己无关的思维方式或价值观念成为自己需要考虑的因素。例如,参考某名人的成功案例,将其决策方法套用在自己身上,或与老师、同学和朋友进行探讨,这时,他人对待职业生涯的看法、思维方式及价值取向就会在无形之中对大学生的职业决策造成影响。

第三节　职业定位

一、职业定位的内涵

职业定位是指个体在职业选择和发展过程中,通过对自身条件、职业环境和社会需求等因素的综合分析,确定自己在职业领域中的位置和方向。一个明确的职业定位有助于个体更好地规划自己的职业生涯,实现个人价值和社会价值的最大化。职业定位是一个复杂而重要的过程,它涉及多个方面的因素。通过深入分析和评估自身条件、职业环境和社会需求等因素,个体可以为自己找到一个合适的职业方向,并为实现个人价值和社会价值的最大化奠定坚实基础。

二、职业定位的类型

在职业发展的道路上,职业定位是一个至关重要的环节。它关乎个人的长期职业规划、工作满意度以及职业成就感。职业定位的类型多种多样,每种类型都有其独特的侧重点和考量因素。以下是几种常见的职业定位类型及其分析。

（一)行业定位

行业定位是根据个体所在或希望进入的特定行业来进行职业定位。这种定位方式强调对行业发展趋势、市场需求、竞争格局的深入了解。通过选择具有发展潜力的行业，个体可以更容易地找到适合自己的职业机会，并在行业中获得更好的发展前景。

（二）职能定位

职能定位是根据个体所具备的专业技能或职能特长来进行职业定位。这种定位方式强调个体在某一领域内的专业能力和技能水平。通过选择与自己专业技能相匹配的职位，个体可以充分发挥自己的优势，提高工作效率和成就感。

（三）兴趣定位

兴趣定位是根据个体的兴趣爱好和偏好来进行职业定位。这种定位方式强调工作与个人兴趣的结合，使工作变得更加有趣和有意义。通过选择符合自己兴趣爱好的职业方向，个体可以在工作中保持较高的工作热情和积极性。

（四）技能定位

技能定位是根据个体所掌握的技能或能力来进行职业定位。这种定位方式强调个体在技能方面的特长和优势。通过不断提升自己的技能水平，个体可以拓宽自己的职业领域和选择范围，并在职业竞争中获得更好的优势。

（五）地域定位

地域定位是根据个体所在或希望前往的特定地区来进行职业定位。这种定位方式强调地区间的经济、文化、就业等方面的差异。通过选择适合自己发展的地区，个体可以更好地融入当地环境，并利用当地资源获得更好的职业发展机会。

（六）薪资定位

薪资定位是根据个体对薪资水平的期望和要求来进行职业定位。这种定位方式强调薪资与个体能力和市场需求的匹配度。通过设定合理的薪资期望，个体可以在求职过程中更加明确自己的需求，并在与雇主谈判时争取到更好的薪资待遇。

（七）发展定位

发展定位是根据个体对职业发展的期望和规划来进行职业定位。这种定位方式强调职业发展的长期性和可持续性。通过设定明确的职业发展目标，个体可以更加有针对性地选择适合自己的职位和工作机会，并在职业发展中保持较高的自我期望和动力。

（八）自我认知定位

自我认知定位是基于个体对自己的全面了解和分析来进行职业定位。这种定位方式强调个体的自我认识、自我评价和自我期望。通过深入了解自己的性格特点、兴趣爱好、价值观等方面，个体可以更加清晰地认识自己，找到适合自己的职业方向，并在职业生涯中实现个人价值和社会价值的最大化。

总而言之，职业定位的类型多种多样，每种类型都有其独特的侧重点和考量因素。个体在进行职业定位时，应根据自己的实际情况和职业规划需求，选择适合自己的定位方式，并不断优化和调整自己的职业定位策略，以实现更好的职业发展。

三、职业定位的作用

职业定位与大学生职业生涯的发展方向密切相关。职业生涯的早期阶段,是职业定位发生作用的最重要时期。大学生随着对职业的认识不断深入,工作经验也在逐渐积累,职业定位随之变得更加清晰和准确。可以说,职业定位贯穿、影响和联系着职业生涯的前期与中期,在大学生的职业生涯发展过程中发挥十分重要的作用。一个人正确审视自己的能力,客观评价职业环境,明确自己的价值取向,是职业决策过程的重中之重。职业定位有如下具体作用。

及时准确的信息回馈。职业定位是个人通过对职业重心的探索,为个人职业发展确立方向的过程。这一探索过程围绕个人能力、职业环境与职业价值观展开,若实际达到的效果与个人的追求和抱负不相符,则应及时寻找原因并采取行动。

为个人指明有效的职业道路。职业定位可以反映个人的职业需求,还能显示个人的价值观和抱负。其与实际的发展是相互促进、相互影响的,通过职业定位,能有针对性地对个人实际的发展构建可行的、有效的职业途径。

增长个人的能力和经验。职业定位是个人对发展方向和发展高度的愿望,能使个人在处理问题的过程中开拓思维和增长见识,使个人相关的能力和技能不断发展提高,从而增加职业定位的准确性。

为职业生涯的后续发展提供保障。职业定位的主要作用在于为职业生涯的发展指明方向,为个人能力的提高、职业技能的获得和才干的发掘开辟道路,这些都是一个人职业生涯后续发展中必不可少的基础条件。

第四节　撰写职业生涯规划书

一、撰写职业生涯规划书的步骤

在当今社会,大学生面临着激烈的就业竞争和不断变化的职业环境。为了更好地应对这些挑战,编写个人职业生涯规划书就显得尤为重要。大学生个人职业生涯规划书可以帮助大学生明确职业目标,制订有效的职业发展计划,实现职业成功。

（一）自我评估

(1)了解兴趣和技能:大学生需要深入了解自己的兴趣爱好、擅长的技能和潜在的职业兴趣。可以通过参加社团活动、实习实践、职业测评等方式来探索自己的兴趣和技能。

(2)确定价值观和个性特点:大学生需要明确自己的价值观和个性特点,这将对职业选择和发展产生重要影响。可以通过阅读、交流、反思等方式来认识自己的价值观和个性特点。

（二）职业探索

(1)市场需求分析:大学生需要了解自己所感兴趣的职业的市场需求和职业发展趋势,以便更好地制订职业规划。可以通过网络搜索、行业报告、职业咨询等方式来获取相关信息。

(2)职业发展路径和要求:大学生需要了解自己所感兴趣的职业的发

展路径和职业要求,以便更好地制订职业规划。可以通过阅读职业指南、访谈行业专家、参加职业培训等方式来获取相关信息。

(三)目标设定

(1)长期和短期职业目标:大学生需要根据自我评估和职业探索的结果,设定长期和短期的职业目标。长期职业目标是指未来 5~10 年的职业发展方向和目标,短期职业目标是指未来 1~2 年的职业目标。

(2)具体计划和措施:大学生需要制订实现职业目标的具体计划和措施,包括学习计划、职业发展计划、个人发展计划等。计划和措施需要明确、具体、可行,并且能够帮助大学生实现职业目标。

(四)行动计划

(1)学习计划:大学生需要制订学习计划,包括学习内容、学习方式、学习时间等。学习计划需要与职业目标相一致,能够帮助大学生提高职业素质和技能。

(2)职业发展计划:大学生需要制订职业发展计划,包括职业发展路径、职业发展策略、职业发展资源等。职业发展计划需要与职业目标相一致,能够帮助大学生实现职业发展。

(3)个人发展计划:大学生需要制订个人发展计划,包括个人成长计划、个人发展资源、个人发展策略等。个人发展计划需要与职业目标相一致,能够帮助大学生实现个人成长和发展。

(五)执行和评估

(1)执行行动计划:大学生需要切实执行行动计划,并且在执行中不断调整和改进行动计划,以实现职业目标。

（2）定期评估：大学生需要定期评估自己的进步和成果，根据需要进行调整和改进。评估可以包括自我评估、他人评估、职业发展评估等。

制订个人职业生涯规划书是大学生实现职业成功的重要步骤。通过自我评估、职业探索、目标设定、行动计划、执行和评估等步骤，大学生可以明确职业目标，制订有效的职业发展计划，实现职业成功。

二、职业生涯规划书的内容

一份完整的职业生涯规划书，通常包括以下七个部分。

（一）职业生涯规划书的标题或封面

每个人在写任何材料的时候，都需要先写明标题，这样才能明确这是关于什么内容的文书。若想设计职业生涯规划书的封面，则还需包括姓名、规划的年限和起止时间。职业生涯发展的规划年限一般不做硬性要求，可以根据自身的具体情况而定，可以分为 1 年、3 年、5 年和 10 年等。大学生拟订的职业生涯规划书，不管规划年限有多长，都应该以开始职业生涯规划到毕业的这段时间为规划的重点。

（二）个人生平简历

个人生平简历主要是简单地描写个人所受过的教育、培训及实习或工作经历。大学生将这些经历记录下来，可使自己对过往所学知识和技能有个总体的把握，也能对自己的成长过程有个清晰的认识。

（三）个人因素分析

个人因素分析主要是简要罗列个人的特点并对其进行分析。这里需要运用自我认知时分析出的结果,将个人的生理、兴趣、性格、能力和价值观等因素分别罗列出来并进行分析。可重点对兴趣、性格、能力进行分析。

(四)外部环境分析

外部环境分析主要是简要罗列外部环境因素并对其进行分析。本部分主要是结合前面所总结的具体外部环境因素,分析哪些外部环境对自身职业发展有利,哪些不利,其可能带来的机遇和挑战,以及可能对自身职业生涯发展造成的障碍。

(五)职业生涯目标

职业生涯目标主要是描写个人所选择的职业方向、职业总体目标和阶段性目标。所选择的职业方向指第一职业和备选职业;职业总体目标指职业生涯发展想要达成的最终目标;阶段性目标指在达成最终目标之前,将时间划分为具体的时间段,对每个时间段都设置一个具体的小目标。通常可以将阶段性目标分为短期目标、中期目标和长期目标。这里,大学生需要对短期目标进行重点阐述,罗列出具体的短期规划。例如,在两年内要花多长时间去掌握某种知识技能,要在工作中如何去学习并提升工作技能等。对中期和长期目标则不必过于详细描述。

(六)实现目标的方案

实现目标的方案,主要是大学生通过前面的分析,找出自身与职业实际需求之间的差距,并有针对性地制订具体的方案,逐步缩小差距,从而实现各个阶段的目标。

(七)评估结果的标准

评估结果的标准,主要是设定一个科学客观的参考标准来评估目标是否达成、职业生涯是否成功。另外,大学生如果在职业生涯发展的过程中发现目标难以完成,则还需设定一个对职业目标进行调整的方案。

四、职业生涯规划的达成

大学生无不希望达成自己的职业目标,但又不知该从何处着手,因此,达成职业目标的方式就尤为重要,采用适当的方式是达成职业目标的基础。

(一)分时段依次达成

当确立了追求的目标时,需要将目标分解为若干个呈递进关系的小目标,为每个小目标设置相应的时间段,并写出每个时间段实现目标的具体实施方案和评估标准。对距离现在越近的时间段的目标,实施方案和评估标准就需要越详细,因为时间距离越近,就越清楚自己需要做的是什么,很少会进行改动。

确定自身职业生涯目标的时候,由于职业生涯的总体目标太遥远,是要用几十年甚至一生来追寻的,因此往往需要把职业目标划分为短期目标、中期目标和长期目标。

1. 短期目标(1~2年)

(1)明确短期目标。首先,需要确定一个明确的短期职业目标。这个目标应该是具体、可衡量的,并且与长期职业目标保持一致。例如,可以设定一个具体的技能提升目标,或者是在特定时间内获得一个基础的工作岗位。

(2)制订行动计划。根据短期目标,制订一个详细的行动计划。这个计划应该包括将要学习的技能、将要参加的培训或课程,以及打算如何展示自己的能力和潜力。

（3）积极行动。立即开始实施行动计划。通过积极参与各种项目和任务，展现自己的能力，并为职业生涯打下基础。

（4）定期回顾。在每个阶段结束后，定期回顾规划进展。评估自己是否达到了短期目标，并思考如何改进自己的行动计划以更好地实现长期目标。

2. 中期目标(3～5年)

（1）明确中期目标。基于自己已经取得的进展和长期目标，确定一个清晰明确的中期目标。例如，希望在特定时间内获得更高的职位、晋升，或加入一个更好的团队。

（2）制订职业路径规划。制订一个详细的职业路径规划，明确要通过哪些步骤来实现中期目标。这可能包括获得更高的学历、获取额外的技能或资质，或建立更强大的人际关系网络。

（3）持续学习和发展。为了实现中期目标，我们需要不断学习和发展自己的能力和技能。可以通过参加研讨会、与同事和行业专家交流，或参与领导力培训等方式来提升自己。

（4）建立关系网。积极建立和维护与同事、行业专家和潜在雇主的关系。可以通过参加行业活动、加入专业组织或社交媒体平台来扩大关系网。

（5）评估和调整。在中期目标实现的过程中，不断评估规划的进展并调整行动计划。可以根据市场变化、个人发展或新的机会来调整职业路径规划。

3. 长期目标(5年以上)

（1）明确长期目标。长期目标是职业生涯的最终愿景。它应该是宏大而有意义的,并与自己的价值观和人生目标相一致。例如,希望成为所在领域的专家、领导一个大型团队,或创办自己的公司。

(2)制订长期职业规划。基于长期目标,制订一个全面的长期职业规划。这个规划应该包括职业发展路径、所需的关键技能和能力,以及如何平衡工作与生活。

(3)持续努力和学习。为了实现长期目标,需要持续不断地努力和学习。保持对新技术和趋势的关注,并通过学习和培训来保持自己的竞争力。

(4)保持积极的心态和灵活性。在实现长期目标的过程中,保持积极的心态和灵活性至关重要。追求目标的路途中可能会遇到挫折和困难,但重要的是要相信自己并坚持下去。同时,也要保持灵活性以应对市场变化和个人发展的需求。

(5)庆祝成功。当达到一个重要的里程碑或实现了一个目标时,不要忘记庆祝成功。这不仅可以激励自己继续前进,还可以与家人和朋友分享喜悦和成就感。

(二)按难易程度逐级达成

确立了自己追求的目标后,大学生可以将目标按照实施的难易程度进行分解,先从简单的事情做起,随着知识和经验的不断积累,初期认为实施难度高的事情就会有清晰的解决思路。

医学专业学生职业规划书

一、自我评估

作为一名医学生，我深知自己的长处和短处。通过反思和自我分析，我发现自己具备较强的学习能力和责任心，对医学知识有着浓厚的兴趣，愿意为患者付出。同时，我也认识到自己在沟通技巧和团队协作方面还有待提高。为了在未来的医学道路上更好地发展，我需要不断自我提升，克服自己的不足。

二、职业目标

我的职业目标是成为一名优秀的临床医生，具备扎实的医学知识、丰富的临床经验和高尚的医德。我希望能够在专业领域内有所建树，为患者的健康事业贡献自己的力量。同时，我也期待能够参与医学研究和教育工作，推动医学事业的发展。

三、制订计划

为实现职业目标，我制订了以下计划：

（1）理论学习：加强医学理论知识的学习，通过课程学习、阅读文献和参加学术会议等方式，不断更新知识储备。

（2）临床实践：积极参与临床实习和实践活动，锻炼临床技能和沟通能力，提升解决问题的能力。

（3）沟通技巧：通过参加沟通技巧培训、模拟诊疗和与同事、患者互动等方式，提高自己的沟通水平。

（4）团队协作：积极参与团队项目，培养团队协作精神，提升团队管理能力。

（5）继续教育：保持持续学习的态度，参加进修课程、研讨会等，拓宽知识视野，提升专业水平。

四、发掘自己的潜能

在职业生涯中，我将不断发掘自己的潜能。我相信自己在医学研究、教育和管理方面具有一定的天赋。因此，我将积极参与相关领域的活动，挖掘自己的潜力，为医学事业的发展贡献更多的力量。

五、掌握行业信息

为了紧跟医学领域的最新动态，我将积极关注行业动态和政策变化。通过订阅医学期刊、关注医学网站和社交媒体等途径，及时获取最新的医学研究成果、临床技术和政策法规等信息。同时，我也将积极与同行交流，分享经验和心得，共同推动医学事业的发展。

六、增强自己的竞争力

为了增强自己的竞争力，我将不断提升自己的综合素质。除了医学知识外，我还将注重提高自己的外语水平、计算机技能和跨文化交际能力等。同时，我也将积极参与学术竞赛、科研项目和志愿服务等活动，展示自己的才能和实力。通过这些努力，我相信自己将具备更强的竞争力，为未来的职业发展打下坚实的基础。

七、实现职业规划

在实现职业规划的过程中，我将始终保持积极的心态和坚定的信念。我将不断追求进步和成长，克服困难和挑战，努力实现自己的职业目标。同时，我也将保持开放的心态，积极接受新的思想和技术，不断适应医学领域的变化和发展。

八、持续自我评估和调整

职业规划是一个持续的过程，需要不断进行评估和调整。在未来的职业生涯中，我将定期进行自我评估，反思自己的表现和成果，总结经验和教训。同时，我也将关注医学领域的发展趋势和市场需求的变化，及时调整自己的职业规划和发展方向。通过这些努力，我相信自己将能够不断适应新的环境和挑战，实现更加美好的职业生涯。

思考与练习

1. 有的大学生在职业决策方面存在"等靠要"思想，认为家长、老师、学校总能帮自己想办法，自己不需要操心。你怎样看待这种想法？请你用本章所学的知识劝说他们。

2. 有的大学生说："我们对社会的认识不足，职业决策最好多听老师和家长的。"另一个同学则说："自己想要什么只有自己才清楚，职业决策只靠自己拿主意就行。"请和同学一起讨论这两种观点是否合理。你对这一问题持怎样的观点？

3. "国家发展靠人才，民族振兴靠人才。""综合国力竞争说到底是人才竞争。"请和同学一起讨论：根据自己的情况，如何将个人的职业决策与国家的发展相结合？

4. 请为自己拟订一份职业生涯规划书，要求包含职业生涯规划书的基本内容，格式自定。

5. 阅读以下材料，回答问题。

小赵是某大学新闻采编与制作专业的应届毕业生，在进校之初，她就给自己制订了详细的职业生涯规划。她打算在毕业后到电视台应聘新闻编辑的职位,然后一边工作一边考取相关证书,希望晋升为主编甚至总编。同时,她也可以接受主持、采访等工作。但是毕业后,她遇到了困难。原来,由于新媒体的盛行,电视台目前主要招收新媒体编辑。她只得接受新媒体编辑的岗位。很快,她发现新媒体编辑需要追踪网络热点,有时候晚上有突发的热点事件,自己就得起床熬夜工作。同时,新媒体编辑的文风偏向娱乐化、网络化,与她在校期间学习的准确、精练的行文方法大相径庭。面对种种矛盾,她在坚持了几个月后,申请调到了后期制作相关岗位。她发现这个岗位虽然远离聚光灯,但是能够真正发挥自己所学。

(1)案例中的小赵的职业规划属于哪种职业定位?

(2)面对职业生涯规划和现实的落差,小赵该如何实现自己的职业目标?

模块 七

管理职业生涯规划

知识目标

1. 理解管理职业生涯规划的意义。

2. 熟悉评估职业生涯规划的内容。

3. 掌握管理职业生涯规划的方法。

4. 掌握修正职业生涯规划的目的和原则。

能力目标

1. 具备信息与资源整合能力。

2. 能够合理设定目标,具备时间管理、任务分解与执行监控的能力。

素质目标

1. 培养良好的职业道德与责任感。

2. 对新知识、新技术保持开放的态度,不断提升个人竞争力。

3. 能够保持积极心态,坚持不懈地追求职业目标。

学习重点

1. 职业生涯规划评估的内容。
2. 管理职业生涯规划的方法。
3. 修正职业生涯规划的目的。

案例导入

　　小强是一位农家少年,他从小刻苦学习,以优异的成绩考上了城里的大学,并攻读了生物学专业。小强对学术研究很感兴趣,对自己的职业生涯规划是留在科研机构从事生物学方面的研究工作,一切本来也都照着小强的规划顺利进行着。谁知天有不测风云,小强的爸爸病倒了,无力劳作。家庭的重担一下子就压在了小强的身上,小强现在面临两个选择:一是继续按照自己职业生涯规划所确定的方向前进,可是这样做的话家庭就缺少照顾,而且经济紧张,生活压力增大;二是回乡发展,在工作的同时还能兼顾对家人的照顾。在反复思考过后,小强利用自己的学科知识,在乡政府申请了一笔创业贷款,在村子里大搞生物农业,这样不仅能方便自己照顾生病的父亲,承担起对家庭的责任,还能从事自己感兴趣的职业,并且能利用自己所学知识带领村子共同富裕,可谓一举多得。

案例思考

　　小强是如何通过及时的评估与调整确保职业生涯良好发展的?

第一节　管理职业生涯规划的意义

职业生涯管理于个人来说至关重要,从某种程度上说,它是一个人能否成功的关键因素之一。

一、能够逐步提高自己的工作能力

通过职业生涯管理,尤其是在有了一定的职业发展目标过后,我们能够对照职业目标认识自己的优缺点,并努力改正自己的缺点,提升自己的能力,使自己符合职业晋升目标的要求。在这一过程中,自己的工作能力也就随之得到提高。

对职业生涯进行管理,能将个人与企业紧密联系起来:企业为员工创造职业发展的条件和路径,帮助员工实现自己的职业生涯目标;而员工能在企业中明确自己的发展前景和机会,会提升对企业的满意度、依赖度和忠诚度,同时会充分发挥自己的主观能动性去抓住发展机会,使自己对工作激情满满,并不断地提高个人的技术水平。

二、能够不断提升追求目标

有的人最初的工作可能是为了让自己不再待业,有的是为了能养活自己,随着职业生涯的开展和对职业生涯的管理,可能最初的价值追求会慢慢提升,开始追求职业成就感与自我价值的实现。

总之,一个成功的职业生涯规划,是需要我们不时地根据情况进行调整修改,并为之不断地注入生命力。

第二节　职业生涯规划的评估

一、职业生涯规划评估的内容

职业生涯规划评估指的是用一套客观的方法或措施,去检测一个人在职业生涯发展过程中的发展状况和行为表现等。这就需要在实践过程当中,根据主客观情况的变化来进行评估与修订,并且要运用科学系统的评估方法来认识自我的发展状况,评估方式的理性客观与否决定着整个职业生涯的发展质量。职业生涯评估一般围绕以下几点进行。

（一）对职业生涯规划目标的评估

对职业生涯规划目标的评估也就是我们要思考是否需要更改我们的职业生涯目标。如果一直无法找到和自己的目标职业相关的实践实习活动,没能获得所希望的学习和工作机会,或是在实践实习活动过程当中发现自身一直无法适应或胜任该职业,不仅不能得到相应的发展,反而会导致自身的压抑与痛苦,此时就应该考虑更换或调整我们所设定的职业生涯目标,使其更符合自身成长发展规律。

（二）对职业生涯规划前景的评估

对职业生涯规划前景的评估指的是我们要思考是否需要调整自身职业发展的方向。当原先规划的职业方向前景随着社会环境的变化而变得不太明朗时,或是我们在实践活动过程当中找到了更适合自己发展的职业发展方向和选择时,就应当考虑是否应该对我们的职业发展方向进行调整。因此我们要对自身的职业生涯规划进行不断地评估与调整,通过修订我们的职业生涯规划目标,确保职业生涯规划的可行性。

(三)对职业生涯规划实施方法的评估

对职业生涯规划实施方法的评估指的是我们要思考是否需要改变我们达成目标的行动方法。在实施职业生涯规划的过程中,无论是外部环境中的社会环境、行业环境,还是个人因素中的兴趣、价值观等都会产生变化,有许多变化我们都无法事先预测和设想。如果发现自己的目标达成方法在实施过程中有难度或者阶段目标设置不合理,或者是现实中客观因素的变化导致不得不修改职业方向时,则需要相应地修改我们的职业生涯实施方法。

(四)对其他因素的评估与调整

对其他因素的评估与调整指的是我们需要对诸如家庭情况、身体健康状况、意外突发事件因素作出及时的评估与调整。如果发现家庭需要我们投入更多的精力去经营照顾的时候,我们就可能要在家庭和工作之间进行权衡;又比如身体健康状况不太好时,就可能要降低自己的职业目标和要求。

二、职业生涯规划评估的方法

想要对职业生涯规划进行客观理性的评估,就需要运用正确科学的评估方法。不管是自我评估、他人评估还是过程与结果评估、内外部评估,评估的要点都是为了判断自己与现实环境、职业目标的兼容性,并找出其中的差距,提高评估的客观准确性。

管理学中有一个著名的木桶理论,又称为短板效应。此理论指的是一个木桶的容量大小,不在于最长的那块木板的长度,而取决于最短的那块木板的长度。这启发了我们在进行职业生涯规划评估时,需要找准突破方向,评估出自己最弱的环节,从而找准自身与现实的差距,只有这样才能更好地、有针对性地进行调整与修改。常见的职业生涯规划评估方法有对比反思法、交流反馈法和分析总结法。

(一)对比反思法

对比反思法,指的是在规划职业生涯的过程中,要善于思考和向他人学习。每个人都有自己不同的职业生涯规划方法,应学会对他人的职业生涯规划进行分析,吸取别人有效的方法,再对自己的职业生涯规划进行反思,看是否出现他人的职业生涯规划中出现的问题,有则改之,这样有助于评估和修改自己的职业生涯规划。

在职业生涯规划开展的过程中,也需要对自身职业规划进行不断反思,比如职业生涯规划中的某些计划按时完成了没有,参加实践活动有没有收获,与预期效果的差距是什么,为什么会产生这些差距等。然后再根据答案和客观事实对自身职业生涯发展规划进行调整与修改。

(二)交流反馈法

交流反馈法又被称为 360 度反馈方法。这套评估方法是由英特尔公司率先提出并实施的。在这套评估法中,评估者包括所有与被评估者有密切接触的人,也就是说,评估者的上司、同事、下属、客户和自己都需要参与到整个评估中来,被评估者通过评估反馈意见,来对自己的职业生涯规划进行修改。对于大学生来说,交流反馈法的评估者则应该包括学校、家人、老师、同学、朋友和自己,其中,要重点关注同学和朋友之间的评估和自我剖析评估。

　　同学和朋友是个人在大学生活中接触较多的人,一般情况下不同的同学和朋友给出的评价各不相同,这有助于集思广益,让我们更清楚地发现自身的优势和不足,从而对我们的职业生涯发展规划进行修正和完善。

　　"吾日三省吾身",自我剖析使大学生对自我进行反思总结,这是一种充分发挥主观能动性的过程。大学生应该让自我剖析成为自我认识、自我完善的有效手段,并在不断地自我剖析和完善中对职业生涯发展规划作出相应的调整。

（三）分析总结法

　　分析总结法指的是对自己的职业生涯规划分类别进行分析,可以采用表 7 - 1 所示方式进行分析。

表 7 - 1　职业生涯规划分析评估表

类别	分析评估内容
1. 分析基准	(1)我的人生观、价值观是否发生了变化?
	(2)外部环境是否发生了变化?
	(3)我目前遇到的最大的问题是什么?
	(4)我在实践过程中发现了自己的哪些不足?
2. 目标与标准	(1)我现在处于职业生涯的哪一阶段,这一阶段的特点是什么?
	(2)先前所确定的职业生涯规划目标是否可行,有没有其他更优的目标出现?
	(3)如何来判断自己是否成功?

续表

类别	分析评估内容
3. 生涯策略	(1)是否需要调整职业生涯规划的实施策略？
	(2)我对相应职业能力的获取和吸收能力如何？
	(3)我在职业目标的角色转变方面有什么问题吗？
	(4)对我而言现在还有什么问题是暂时无法解决的？
4. 生涯行动计划	(1)我的目标达成计划是否合理？
	(2)我想要达成目标需要哪些人的帮助？
	(3)在达成目标的过程中最大的障碍是什么？
5. 生涯考核	(1)目前,在职业生涯规划开展过程中,我有哪些做得好的,哪些做得不够好？
	(2)我现在最欠缺的是什么？是专业知识,是实用技能,还是人脉？
	(3)我应该如何应用我所学到的知识技能？
	(4)我现在应该立刻去做的是什么,应该停止做什么？
6. 生涯修正	(1)是否需要对职业方向进行重新选择？
	(2)是否需要对职业生涯规划目标的实施线路进行重新安排？
	(3)是否需要更换人生目标？
	(4)是否有其他需要更正的方面？

通过对自己进行系统的分析总结,我们能够更深层次地认识和思考自己在职业生涯规划中存在的问题,只有在发现问题后,才能进一步去解决问题,从而完善我们的职业生涯发展规划。在对职业生涯规划进行评估后,我们往往会发现评估的结果与规划的目标之间有一定的差距,这种差距往往是以下几个方面的原因造成的。

（1）目标设置不合理。有的同学把自身目标设置得过高或者过低，当目标过高超出自己的能力时，再努力也没有办法实现，反而会伤害自己的自信心。而目标设置过低时，自己不需要付出太多努力就能实现，这样的目标是没有价值的，无法提升自己的能力。

（2）目标实施方案不合理。目标实施方案不合理往往会导致目标无法实现，更甚者会出现南辕北辙的状况。比如同学们的职业目标设置为要成为高级工程师，可是在目标实施方案里并没有实现相应目标的行动计划。

（3）目标执行力度不够。在目标设置和实施方案都合理的情况下，自身执行力度达不到，也会造成评估结果与目标之间的差距。比如按照公司提供的职业发展线路，如果能努力工作，稳步提升自己的话，可以在两年内晋升。但是由于自己的懒散，工作能力没有得到太大的提升，达不到晋升的要求。

三、职业生涯规划评估的作用

职业生涯的发展不可能是一帆风顺的，规划也不是万能的。在实践过程中，必然存在各种问题或不适应。职业生涯规划评估与实践是相辅相成的关系，在实践时产生的问题能够帮助我们更好地评估与修正职业生涯规划，而评估与修正职业生涯规划能够帮助我们更好地规避更多问题的产生。

（一）更加全面地认识自我

评估是一个不断深化认识自我的过程。它能使大学生在自己动态的成长过程中正确而全面地认识自己。随着大学生心智的不断成熟和阅历的丰富，以及兴趣、价值观的变化，原本的自我认识已经具有滞后性，进行职业生涯评估能让大学生进一步认识自己。同时,在评估的过程中,大学生能够更加清楚地看到自身的优势与劣势,不断丰富自我认知,刺激自身潜能的激发。因此,我们要及时在各个阶段对自己的职业生涯规划进行评估,明确自己在不同阶段的发展方向和目标,明确自身需要进一步加强的知识、技能和能力,从而激发自身潜力,促进个人不断成长,增加个人职业生涯成功的概率。

(二)抓住职业生涯发展中的重点

由于职业生涯规划评估是一个全方位的评估,不仅只是对自身进行评估,还要对整个职业生涯发展过程中的方方面面进行分析,因此它能帮助大学生科学客观地分析职业生涯中出现的问题和困惑,让大学生在职业生涯发展的各个阶段趋利避害,找到每个阶段应该完成的重点内容,激发大学生的工作潜力与动力,按照主次、轻重来完成规划的任务。

(三)调整职业发展的方向与目标

在实践活动中对自身职业生涯规划进行评估,能使同学们深刻了解和认识自己,职业生涯规划是一个动态的过程。在职业生涯规划实施的过程中,无论是外部环境还是个人因素都会发生变化,许多变化是事先无法预测和设想到的,因此我们要对自身的职业生涯规划进行不断的评估与调整,确保我们的职业发展向着职业目标的方向不断前进。

(四)落实职业发展过程中的具体措施

制订职业生涯规划后,我们还需要采取具体的行动措施去实现职业目标。评估我们采取的行动措施有助于改进方式方法,从而采用最优的方式和措施去达成职业目标。

第三节　职业生涯规划的修正

一、修正职业生涯规划的目的和内容

由于社会环境的巨大变化和一些不确定因素的存在,实际情况可能与原来制订的职业生涯规划有所偏差,这时就需要对职业生涯目标与规划进行重新评估,并作出适当的调整,以更好地符合自身发展和社会发展的需要。

外部条件的变化,既会让从业者发展目标的实现面临困难,也会给职业生涯发展带来新机遇。职业人必须正视现实,勇敢面对挑战,及时调整发展目标,根据新目标有的放矢地提高自己,用自身素质的提高主动适应外部条件的变化。

对职业生涯规划的修正包括对职业生涯目标的修正、对职业生涯规划方向的修正、对职业生涯实施策略的修正和对阶段目标的修正等。评估是为了认识自身前进方向中出现的错误或偏差,分析问题产生的原因,为调整计划奠定基础。

二、修正职业生涯规划的原则

大学阶段只是职业的准备期,大学生进行职业生涯规划的主要目的是为进入职业世界作好各种准备。职业生涯规划具有很强的导向作用,如果大学生的职业生涯目标定位准确,职业路线选择正确,且措施得当,方案科学,就能够使其职业发展较为顺利。为了使大学生的职业生涯规划科学合理,切实可行,在编制职业生涯规划时,应把握以下几个原则。

(一)清晰性原则

无论是目标、措施,还是规划本身,都要清晰、明确,各阶段的划分、路线及具体措施一定要具体、可行。

(二)长期性原则

规划一定要从长远考虑,明确个人职业发展的大方向。大方向如果定位不准确,阶段性目标和措施制订得再好,也不会产生好的效果。

(三)挑战性原则

所确定的目标要有一定的高度,一个轻易就能够实现的目标不能反映一个人的真实能力,也不能充分体现一个人的人生价值。因此,目标要具有一定的挑战性,在每一个阶段性目标实现时,都能够有一种成就感,从而激励自己向新的更高目标迈进,直到实现最终目标。

(四)可行性原则

目标或措施应充分考虑到个人、社会和企业环境的特点与需要,从实际出发。各阶段的路线划分与措施安排要切实可行,不搞花架子、不搞形式主义。

(五)阶段性原则

大学生尤其要注意把握阶段性原则,根据发展阶段合理调整职业生涯规划。只有充分注意到这一点,才能意识到对大学阶段进行科学规划的重要性。

（六）可持续性原则

大学生在拟定职业生涯规划方案时要考虑到职业生涯发展的整个历程,持续连贯,做到主要目标与分目标相一致,目标与措施相一致,个人目标与组织发展目标相一致。

（七）可评估原则

目标要明确,措施要具体,完成时间要有限定,以便检查和评估,方便自己随时掌握执行情况,为规划的修正和调整提供参考依据。

三、修正职业生涯规划需要考虑的因素

（一）内因

面对日益繁荣的市场经济,作为市场主体的个人,也同时面临职业领域日益纷繁、迅疾、持续变化的挑战。而影响个人职业生涯的主要因素是多种多样的。

1. 个人自然属性

个人的自然属性包括性别、年龄、性格特征等。个人的自然属性与生俱来,对于职业生涯的影响往往是长期的和决定性的。比如通常认为男性长于理性思维,女性长于感性思维,所以一些职业领域会被习惯性地评价为更适合男性或者更适合女性,这时候性别往往会决定一个人在不同的职业领域的竞争力。年龄则会在不同的职业生涯发展阶段产生不同的影响,如果年龄与职业发展阶段匹配,则会产生正面的影响,如果年龄与职业发

展阶段不匹配,则有可能带来负面影响。一个人的性格特征、兴趣爱好往往决定其职业性向,虽然在当前的社会环境下,很多人在第一次择业时难以做到根据自己的职业性向来选择,或者根本不清楚自己的职业性向,但随着职场经历的逐渐积累和对自身认识的不断清晰,往往会在后续的职业生涯中进行修正和重新定位,从而对个人职业生涯产生长期的影响。

2. 能力素质

一个人经过后天的学习及实践的积累会形成一定的能力素质,一般描述为知识、技能和素质,知识是基础,技能是对知识的应用,而素质在职业生涯范畴更多地被描述为职业素养。知识和技能比较外显,可以通过一些证书和资格进行基本的评价,而素质则通常会在职业经历中得到体现。知识和技能水平往往会决定一个人每段职业经历的起点,而素质则往往决定一个人在一段职业经历或者一个组织里面的发展速度和高度。

3. 态度与意愿:人生观、价值观、职业发展观

人生观、价值观、职业发展观会决定一个人的人生目标、处事风格和行为准则,人生目标会对个人职业生涯中的重要抉择产生关键影响,处事风格和行为准则往往决定一个人的社交环境、职业态度等,这些会在一定程度上影响到组织环境对个人的评价和判断,从而间接影响个人的职业生涯发展。

(二)外因

1. 社会环境

地域经济发展水平的高低决定就业和择业机会的多寡,文化氛围影响个人学习和提升的意愿,政治制度的变革会影响社会整体状态,社会价值观则会影响不同职业的社会声望和地位。可以看到,社会大环境的变化对

个体的职业生涯发展的影响通常是间接的,并且会有一定的滞后性。

2. 行业环境

行业环境发生变化,那所处其中的组织也必然作出适应性的调整,而组织的调整会直接影响到其中的个体。行业发展前景向好,则组织发展机遇也会更好,个体将获得更多的发展机会;行业竞争加剧,则组织经营压力增加,个体发展同样会受到影响。

3. 组织环境

组织环境的发展和变革与个人的发展息息相关。制度是否完善决定了员工职业生涯发展是否有据可依,个人的发展诉求能否得到组织的支持,组织的文化氛围决定个体的管理参与度,领导者风格和企业价值观是否以人为本,是否真正关注员工的个人成长,这些都直接影响着员工的个人发展。

职业生涯规划修正"七问"

1. 自己喜欢的工作到底是什么?

2. 自己的专长是什么?

3. 现在的工作对自己的重要性如何?

4. 目前有哪些工作机会可供选择?

5. 我有什么打算?

6. 我的下一项工作是什么?

7. 我现在从事的工作,对下一个工作目标有帮助吗?

四、修正职业生涯规划的方法

(一)找准职业锚,确定职业目标

职业锚是由美国著名的职业指导专家埃德加·施恩(Edgar Schein)提出的,是指当一个人不得不作出选择时,他无论如何都不会放弃的职业中的某些至关重要的东西或价值观。职业锚是员工自我发展过程中的动机、需要、价值观、能力相互作用和逐步整合的结果。可以说,寻找职业锚的过程就是个人自我认知的过程,是完成职业定位的过程,而准确的自我认知和职业定位是个人修正职业生涯规划的基础。在完成职业定位后,便可以确定不同阶段的职业目标。

(二)主动出击,把握行业动态

互联网时代带给人们最大的便利就是获得信息变得非常容易,这使得个人对所处的社会环境、行业环境进行一定的分析成为可能。在市场经济全球化的今天,每个人都是市场的参与者,都应该关注市场环境的变化,尤其是一些对市场环境波动比较敏感的行业从业者,更应该时刻保持对市场环境的关注,以便及时调整策略,从容应对。

(三)擦亮双眼,寻求最佳人岗匹配

随着国内企业人力资源管理水平的不断提升,以及从业人员个人职业生涯管理意识的不断加强,企业将更多地关注员工与企业的价值认同、员工与岗位的最佳匹配,员工与企业的共同发展。所以,在择业时,应该最大限度地了解企业和岗位的详细情况,包括岗位职责、能力素质要求、回报关

系、发展空间,以及企业的组织体制、文化氛围等方面,在可能的情况下寻求最佳的人岗匹配。

案　例

　　小杨是公司今年招聘的应届本科毕业生,毕业于重点院校的他是作为重要技术骨干培养对象招聘进公司的,然而,入职1个多月,他就向人力资源部提交了辞职报告。离职面谈中,他告诉工作人员,他发现自己并不喜欢做技术工作,决定返校继续深造。

　　出现这种现象的原因一般有以下几点:第一,小杨对自己的职业目标缺乏评估和认识,不知道自己到底想从事什么样的工作,适合从事什么样的岗位;第二,小杨对应聘的岗位没有进行深入细致的了解,或者公司没有向他详细说明招聘岗位的工作内容;第三,学校缺乏有效的就业指导,导致毕业生没有树立职业生涯规划意识,也没有掌握职业生涯规划的基本方法。

　　修正职业生涯规划时,应该掌握以下的方法:

　　第一,对自我条件重新剖析,在总结以往实践经验和发展目标的基础上,通过自问"我能干什么? 我能干好什么?"进行审视。

　　第二,对发展机遇重新评估,通过问"什么可以干?"进行审视。

　　第三,对职业发展目标重新修正,通过问"我为什么干?"进行自我审视。

　　第四,对发展措施重新修订,通过问"干得怎么样?"和"应该怎么干?"等问题进行自我审视。

　　在评估和调整期间,要做到谨慎判断,果断行动:谨慎判断就是无论变化有多大,都要在理清来龙去脉后再进行判断;果断行动就是要在判断后立即采取行动,重新修订自己的职业生涯规划,从而保证职业生涯的健康顺利发展,最终实现自己的职业目标。

职业生涯发展阶段

职业生涯是一个人一生的工作经历,是职业、职位的变动及工作理想实现的整个过程。有的职业生涯发展理论将人的职业生涯分为五个阶段:

第一,职业成长阶段(0~14岁),探索职业兴趣和发展职业能力阶段。

第二,职业探索阶段(15~24岁),探索各种可能,制订职业生涯规划。

第三,职业确立阶段(25~44岁),职业生命周期的核心部分。

第四,职业维持阶段(45~65岁),在工作中占据一席之地,并持续保持。

第五,职业衰退阶段(65岁之后),接受权利和责任减少的事实,准备退休。

思考与练习

1. 修正职业生涯规划的方法有哪些?

2. 根据自己的实际情况,思考自己大学期间每学年的学习与实践重点。

自我评估

以下是一份专为学生管理职业生涯规划设计的自我评估题目,旨在帮助学生全面审视自己的现状、目标、策略及执行情况,以便更有效地管理自己的职业生涯规划。

一、现状与目标回顾

当前职业规划状态:请简要描述你目前的职业规划状态,包括已设定的职业目标、已采取的行动以及目前的进展。

职业目标清晰度:你是否对自己的长期和短期职业目标有清晰的认识?请具体说明你的目标是什么,以及它们是如何与你的兴趣和价值观相契合的。

职业定位准确性:你是否对自己的职业定位有准确的理解?请评估你的职业定位是否与你的能力、兴趣和市场需求相匹配。

二、策略与行动计划

策略确定:你是否确定了明确的策略来支持你的职业目标?请描述你的策略是什么,以及它们是如何帮助你实现目标的。

行动计划执行:你是否制订了详细的行动计划来执行你的策略?请评估你的行动计划是否具体、可行,并且判断你是否按照计划执行。

资源利用情况:你是否充分利用了学校、家庭、社会等资源来支持你的职业生涯规划?请列举你利用的资源,并评估它们对你的帮助程度。

三、职业发展与挑战应对

职业发展意识:你是否具备强烈的职业发展意识?请评估你是否在持续关注行业动态、提升专业技能和拓展人脉网络等方面作出了努力。

挑战应对能力:面对职业规划中的挑战和困难,你是否能够积极应对并寻找解决方案？请描述你曾经遇到的挑战以及你是如何克服的。

灵活性：你是否具备适应职业变化的能力？请评估你是否能够灵活调整自己的职业规划以应对市场需求的变化和个人能力的发展。

四、自我反思与持续改进

职业规划满意度：请评估你对当前职业规划的满意度，包括目标设定、策略确定、行动计划执行等方面。

成功经验总结：请分享你在职业规划过程中取得的成功经验，包括你如何设定目标、确定策略、执行计划等。

改进方向与建议：请指出你在职业规划中需要改进的地方，并提出具体的改进建议。同时，请思考如何更好地管理自己的职业生涯规划，以实现个人成长和职业成功。

请根据你的实际情况，认真思考并回答以上问题。这份自我评估将帮助你更全面地了解自己的职业规划现状，发现存在的问题，并采取有效的改进措施，以更好地管理你的职业生涯规划。